PETER HOHLER

Durch *wüste* Zeiten

PETER HOHLER

Durch *wüste* Zeiten

Die Wüstenmönche und ihre Weisheit als Begleiter in schwierigen Lebenslagen

echter

Klimaneutral
Druckprodukt
ClimatePartner.com/12514-2201-1014

Bibliografische Information der Deutschen Bibliothek

Die Deutsche Nationalbibliothek verzeichnet diese Publikation in der Deutschen Nationalbibliografie; detaillierte bibliografische Daten sind im Internet über <http://dnb.d-nb.de> abrufbar.

Der Umwelt zuliebe verzichten wir bei diesem Buch auf Folienverpackung.

www.echter.de

Gestaltung: wunderlichundweigand
Covermotiv und Bilder im Innenteil: Peter Hohler
Druck und Bindung: Friedrich Pustet, Regensburg

ISBN 978-3-429-05724-4

INHALT

Mein Entscheiden 53

Meine Einsamkeit und die anderen 73

Vorwort – Leben in der Wüste

Kein Wasser – keine Pflanze – keine Menschenseele weit und breit. Wüste! Das ist der Innbegriff einer lebensfeindlichen Umgebung. Jede Minute Überleben muss hier der Sonne und dem Sand abgetrotzt werden.
Aber irgendwie strahlt die Wüste auch eine große Faszination aus. Legendär ist ihre Stille, der unglaubliche Sternenhimmel, die Freude an einer Oase. Die Wüste hat immer Menschen angezogen. Nicht bloß solche, die möglichst schnelle und abenteuerliche Handelsrouten durch sie hindurch suchten. Nein, auch solche, die dem Korsett ihrer Kultur entkommen wollten.

Tatsächlich findet, wer näher hinschaut, in der Wüste eine Menge Leben. Das gilt für die Pflanzen und Tiere dort, aber auch für Menschen, die den Weg ins Abenteuer wagten. Diese Überlebenskünstler wissen ziemlich viel übers Leben.

Eine Blütezeit für die Wüstenwanderer waren die ersten frühchristlichen Jahrhunderte. Gerade in der Zeit, in der das Christentum Staatsreligion wurde – und damit wohl an einigen Stellen angepasst und langweilig –, machten sich einige spirituelle Sucher auf den Weg: weg von der Sicherheit der Dörfer und Städte in die Einsamkeit der Wüste. Das war nicht immer leicht, auch wenn sich das in den später überlieferten Legenden manchmal wie ein Spaziergang anhört.

Die Wüstenväter – und die Wüstenmütter – haben in ihren Wüstenjahren viel Lebensweisheit gesammelt. Wer allein in der Wüste überleben will, der braucht nicht bloß Wasser und Brot. Nein, der muss auch lernen, mit sich selbst klar zu kommen. Radikal auf sich selber zurückgeworfen wird er und wird sie konfrontiert mit den eigenen Sehnsüchten, Stärken und Schwächen. Aber irgendwo dazwischen entdecken sie einen Lebenssinn, finden sie Gott.

Wüste Zeiten, das haben wir alle in der ersten Hälfte des Jahres 2020, als die Corona-Pandemie ausgebrochen ist, und dann für viele lange Monate erlebt. Durch mehr oder weniger strenge Infektionsschutzmaßnahmen auf die eigene Wohnung beschränkt, außen bedroht von einem unsichtbaren Virus, erschüttert vielleicht sogar durch einen Todesfall oder wenigstens geängstigt durch die Krankheitsverläufe, von denen man sich bei einer Videokonferenz erzählte, war das Leben nicht mehr wie sonst. Für gar nicht so wenige war es sogar ziemlich unerträglich geworden. Und einige sind ziemlich einsam geworden, verzweifelt vielleicht sogar.

Ich habe mich in diesen Tagen an die Wüstenväter erinnert und an ihre Spruchweisheiten. Sie alle atmen nicht bloß eine subtile Kenntnis der menschlichen Regungen, sondern am Ende auch eine Hoffnung, dass die Wüste ein Ort werden kann, an dem sich das Leben ganz neu zeigt. Das gilt sicher nicht bloß für damals – und es gilt auch nicht bloß für die Wochen und Monate der Corona-Zeit. Ich bin zuversichtlich, dass es auch für andere Krisenzeiten gilt: dass sich da im Angesicht der Veränderung nicht bloß Ängste und Bedrohungen einstellen. Nein, dazwischen gibt es Leben. Vielleicht sind die Wüstenväterweisheiten ein Augenöffner dafür.

Dieses Büchlein bietet keinen Plan zur Bewältigung einer persönlichen Krise. Keine Anleitung und erst recht keine Lösung. Aber die thematisch geordneten Wüstenväterweisheiten geben Denkanstöße und erzählen davon, auf welchen Wegen damals Menschen durch wüste Zeiten gekommen sind. Ihre Erfahrungen eröffnen neue Perspektiven. Mögen sie auch dir, liebe Leserin, lieber Leser, hilfreich sein, die Herausforderungen des eigenen Lebens zu bestehen.

Zur Geschichte der Wüstenmütter und -väter

Gegen Ende des dritten Jahrhunderts zogen in Ägypten die ersten jungen Männer von ihren Dörfern weg. Zunächst hausten sie in nahegelegenen verlassenen Grabanlagen. Dort harrten sie in der Stille aus, ernährt nur von etwas Wasser und dem alltäglichen Fladenbrot, vielleicht etwas Gemüse. Je nach Bildungsstand sannen sie über ein paar wenige Bibelworte nach oder beteten die Psalmen, die sie auswendig kannten. Jedenfalls versuchten sie auf eine radikale Weise ihren Glauben zu leben. Diese Radikalität zeigte sich damals gerade in einer Zeit, in der das Christentum aus den ärgsten Verfolgungen heraus war. Immer mehr Menschen im Römischen Reich wurden damals Christen und die Führungselite wechselte bald schon den Glauben, um als Bischöfe auch religiöse Macht anzuhäufen. Die Flucht in die Wüste war in diesen Tagen eine Gegenbewegung, die von Anfang an prophetischen Charme entwickelte: es gibt noch Leute, die Jesus so nachfolgen, wie er in den Evangelien beschrieben wird: schlicht, arm, wenig herrschaftlich. Genau so wollten diese Christen in der Wüste werden: demütig, wie Gottes Sohn.

Ausgeprägt war in ihrem Glauben das Thema der Sünde, der Erlösung und des Jüngsten Gerichts. Sich bemühen, sich für Gott anstrengen, das weckte damals nicht den Verdacht, dass da einer sich den Himmel durch Leistung verdienen wollte, sondern Bewunderung! Das strenge Fasten, die langen Phasen der Stille und die über die Jahre erworbene Lebensweisheit im Kampf mit den eigenen Neigungen – das alles sorgte dafür, dass immer mehr Menschen den Rat dieser Wüstenbewohner suchten. So wurden sie zu geistlichen Müttern und Vätern, die man aufsuchte, um Streitfragen und Lebensprobleme zu besprechen.

Zwar zogen die Wüstenväter auf der Flucht vor diesem Rummel immer tiefer in die Wüste. Aber sie blieben trotzdem nicht allein. Schüler kamen immer mehr. Üblicherweise suchten sie sich eben einen geistlichen Vater, bei dem sie lebten und den sie immer wieder baten: »Vater, gib uns ein Wort«. Diese Weisheitssprüche – auf Griechisch heißen sie »Apophthegmata« – wurden gesammelt. Und bis heute zeugen sie nicht nur von der strengen Askese, die sich die Wüstenväter auferlegten, sondern auch von ihrer erstaunlichen Kenntnis der menschlichen Seele. Ganz ohne psychologisches Fachwissen hatten einige eine solche Einsicht erlangt, dass sie als Meister der Herzensschau galten. Sie hörten hinter den Worten und Fragen die verborgenen Motivationen ihrer Schüler und Besucher. Sie lernten zu unterscheiden, wo es Milde, wo es Strenge brauchte, und erhielten so den Ehrentitel »Altvater«.

Diese »Abbas« – später gab es dann auch ein paar »Ammas«, d.h. Wüstenmütter – gingen oft einfachen Handarbeiten nach; wenn sie nicht gerade aus ihrem früheren Leben einen Beruf wie Schreiber oder Schmied mitbrachten. Seile- und Körbe-Flechten war eine optimal meditative Arbeit … und mit dem Verkaufserlös konnte das wenige, was an Brot und Gemüse gebraucht wurde, bei den seltenen Besuchen in den Dörfern eingekauft werden. Neben einigen Bauern war wohl auch eine ganze Menge ehemaliger Schmuggler und Räuber bei den Wüstenvätern mit dabei. Nach oft beeindruckenden Bekehrungen wussten sie, welche Kurven und Knicke eine Lebensgeschichte nehmen kann – und was wirklich froh macht.

Normalerweise arbeiteten diese Wüstenbewohner recht allein in ihren Zellen – aber ab und zu besuchte man sich gegenseitig, allerdings meist bemüht, nicht zu viel Ablenkung beieinander zu suchen. Vereint waren sie nämlich alle im täglichen Kampf in der Wüste.

Manches, was wir von diesen wilden Gesellen aus der Wüste lesen, klingt heute ziemlich befremdlich. Der extreme Verzicht, der Fokus auf die eigenen Sünden, Wunder und Dämonenkämpfe scheinen beim ersten Hören Märchen aus längst vergangenen Tagen zu sein. Wer aber versucht, die darin verschlüsselten Erfahrungen zu verstehen, wird im Fasten die Sehnsucht nach der Wiederentdeckung des Wesentlichen erkennen. Der kann im strengen Blick auf die eigenen Sünden die Frage hören, wie ein Mensch vor sich selber geradestehen, gar sich selbst lieben kann. Die Wunder und Dämonenaustreibungen sind dann nicht eine abstruse Hexerei, sondern Zeichen dafür, dass es diesen Menschen gelungen ist, eine Art innere Ganzheit zu finden. Das Dämonische, Selbstzerstörerische konnten sie »besiegen«, oft genug, indem sie in vielen kleinen Schritten lernten, damit umzugehen. Das hat etwas Wunderbares, wenn jemand gelernt hat, sich selbst anzunehmen – mit den hellen und den dunklen Seiten.

Für die Wüstenmütter und Wüstenväter war das ein langer Weg, bei dem sie sich aber letztlich in der Einsamkeit der Wüste nicht alleingelassen erlebten. Dass der Gott, auf den sie vertrauten, da war, das erfuhren sie in der Stille. Die Wüstenzeit ist ihnen so zum Ort der Gottesbegegnung geworden – und zwar der Begegnung an den Grenzen des eigenen Lebens. Im Kampf mit dem Tod stellt sich die Frage nach dem Lebenswichtigen. In der Auseinandersetzung mit dem eigenen Ich zeigt sich, was die eigene Persönlichkeit ausmacht. Im beharrlichen Weiterbeten – trotz der Stille – bleibt die Perspektive gerade: Gott gibt es nicht auf einmal und nie ganz gewiss, sondern im regelmäßigen Hinschauen aufs Leben wie Spuren im Sand.

Man könnte nun die religiösen Erfahrungen, das Wissen der Wüstenmütter und -väter für eine Weisheit aus vergangenen Tagen halten. Das ist sie nicht! Gott ist immer noch da – und er hat immer noch eine Schwäche für die Grenzen des Lebens. Auch die Krisen unserer Tage – die gesellschaftlichen und die individuellen – erfordern Beharrlichkeit, Geduld, Unterscheidung und Milde. Ganz praktische Inspirationen dafür, gute Erfahrungen, was konkret auf dem Weg durch »wüste Zeiten« hilft, haben die Ammas und Abbas damals gesammelt. Lernen wir von ihnen.

Im Folgenden habe ich einige ausgewählte Weisheitssprüche der Altvorderen aus der Wüste ausgewählt und kurz kommentiert. Man kann sie am Stück lesen. Das ist dann wie ein Kurzbesuch in der Wüste; stauend sieht man da den religiösen Hochleister sitzen. Vielleicht motiviert das, es selbst auch einmal zu versuchen. Man kann aber auch den Schritt an die ruhige Geschwindigkeit der Wüste anpassen und seine eigenen Krisentage mit immer nur einem Apophthegma gestalten. Ob nun bei Tagesanbruch, zum kurzen Mittagessen oder rückblickend am Abend: Sich zur Schülerin oder zum Schüler machen und immer nur eine einzige Spruchweisheit zu lesen kann ein Weg durch eine eigene Krise werden. Ich wünsche dazu die nötige Beharrlichkeit, das Vertrauen auf Gottes Wegbegleitung und irgendwann auch wieder die Freude neu entdeckter Lebens-Quellen.

Meine Zeit

Schwere Zeiten überstehen: nur bis morgen!

Die ersten Mönche, die Wüstenväter, lebten jahrelang in Isolation. Wie machten sie das? Auch mit solchen Tricks: nicht an die ganze vor einem liegende Zeit denken, das Ende herbeisehnen, sondern erst einmal nur den jeweiligen Tag in den Blick nehmen ... Dafür reicht die Kraft. In den Erzählungen über die Väter heißt es:

> Man erzählte vom Abbas Theodor und dem Abbas Lukios, denen von Ennatu, dass sie 50 Jahre mit ihren Gedanken Spott trieben, indem sie sagten: ›Nach diesem Winter gehen wir von hier fort.‹ Wenn dann der Sommer kam, sagten sie: ›Nach diesem Sommer wandern wir von hier aus.‹ Auf diese Weise machten es diese unvergesslichen Väter die ganze Zeit. (297)

Fertig machen

> Man erzählte von dem Altvater Dioskuros Nachiastes, dass sein Brot aus Gerste war oder aus Linsen. Jedes Jahr begann er mit einer neuen Übung: ›Dieses Jahr werde ich niemand besuchen«, oder: ›Ich werde nicht sprechen«, oder: ›nichts Gekochtes essen«, oder: ›kein Obst oder Gemüse essen«. Bei all seiner Tätigkeit macht er es so, und wenn er mit etwas fertig war, dann nahm er sich etwas anderes vor. So tat er Jahr für Jahr. (191)

Es gibt unglaublich viele Ratgeber mit Vorschlägen, was man mit seiner Lebenszeit alles anfangen könnte. Manches artet in Selbstoptimierung aus, manches wird schnell wieder vergessen. Damit ein neu angefangenes Hobby, ein in einer Krisenzeit gefasster Vorsatz wirklich »etwas werden« kann, braucht es wohl mehr Beharrlichkeit, als man zuerst denkt – kurz: man muss »fertig machen«, was man anfängt – sonst droht nur unstete Unzufriedenheit. Wie gut aber ist die Freude über ein erreichtes Ziel – und wenn es bloß ein Tagesziel ist! Was machst du heute fertig, damit dich die Zeit nicht fertig macht?

Die Welt hilft dir

> Man erzählte vom Bischof von Oxyrinchos mit Namen Apphy: Solange er Mönch war, marterte er sich mit einem allzu strengen Leben. Als er Bischof wurde, wollte er auch in der Welt die gleiche Lebensart führen, vermochte es aber nicht. Daher warf er sich vor Gott nieder und sagte: ›Ist etwa wegen des Bischofsamtes die Gnade von mir gewichen?‹ Und es wurde ihm geoffenbart: ›Nein. Aber damals war es die Einsamkeit, und es war kein Mensch da, so musste Gott helfen. Nun aber ist da die Welt, und da helfen dir die Menschen.‹ (148)

Vielleicht sehnst du dich manchmal in dein altes Leben zurück, bevor dich das Schicksal getroffen hat, bevor du in eine Krise gekommen bist. Wie einfach alles war und selbstverständlich ... Jetzt ist einiges »irgendwie« anstrengend geworden. Genau wie bei Apphy, dem die strenge Askese nicht viel ausmachte. Aber das Leben als Bischof bringt ihn aus dem Tritt ... Fast spürt er Gott nicht mehr. Im Gebet lernt er, dass die asketischen Übungen der Wüste jetzt nicht mehr dran sind *und* – was mir persönlich gut gefällt – die neuen Umstände ihn zur gleichen Gnade führen können (auch wenn die Menschen hier mit den asketischen Übungen gleichgesetzt werden: vorher waren es viel Stille und wenig Essen, jetzt sind es viele Bittsteller und wenig Zeit zum Beten, die herausfordern und so zu Gott führen).

Vielleicht kannst du ja in der Krise auch schon wieder etwas entdecken, was du gelernt hast – was gut ist und zu Gott führt.

Die Gedanken in Ordnung bringen

Montags ist das Gefühl besonders mächtig: Eine neue Woche geht los – und vielleicht wunderst du dich, wie schnell Arbeitssituation und Kollegen dich wieder auf die Palme treiben können. Dabei war das Wochenende vielleicht ganz gut und vielleicht hast du dir sogar entspannt gedacht: Von dieser Sonntagsgelassenheit nehme ich etwas in den Alltag mit. Ob das klappt? Ich weiß es nicht – oft genug bin ich schon am Montagabend wieder gestresst. Aber von Abbas Johannes lerne ich, dass es normal ist, wenn die Geschäftigkeit unsere Gedanken aufwirbelt. Einer meiner geistlichen Meister meinte dazu einmal: Jeden Tag eine Stunde, jeden Monat einen Tag, jedes Jahr eine Woche – das brauchst du, damit die Seele Friede findet. Wie wäre das: den Feierabend mit einem Gebet eröffnen, in dem sich das Denken wieder in Ordnung bringen kann?

> Man erzählte vom gleichen Altvater Johannes [Kolobos, dem Kurzen], dass er, wenn er von der Erntearbeit oder von einem Zusammensein mit Greisen heimkam, sich zuerst für Gebet, Betrachtung und Psalmengesang Zeit nahm, bis sein Denken wieder in die frühere Ordnung zurückgebracht war. (350)

Ganz in einer Sache aufgehen

> **Man erzählte von [Johannes Kolobos, dem ›Kurzen‹]: Er flocht einmal ein Seil für zwei Körbe und nähte es an einen Korb und merkte es nicht, bis er ihn an der Wand aufhängte; denn sein Geist ging ganz in der Betrachtung Gottes auf. (326)**

Ich bin immer wieder erstaunt, wie viel »psychologisches« Wissen – also Wissen über die Abläufe und Funktionen der Seele die Wüstenväter bei sich beobachtet hatten. Das, was man hier von Johannes Kolobos erzählt, nennt man heute »Flow«: so in einer Sache aufgehen, dass man alles drum herum vergisst, weil die Aufgabe nicht zu leicht und nicht zu schwer ist … und dabei unmerklich über sich hinauswachsen. Besonders spannend ist, dass das für die Wüstenväter ein Weg des Gebetes wurde: die monotone Handarbeit ging leicht von der Hand und führte dabei den Mönch doch weit über sich hinaus.

Geht das auch in unseren Alltagsroutinen? Einfach so in einer Aufgabe aufgehen, dass nicht unser frommes Denken, sondern unser ganzes Dasein wortloses Beten ist – weil wir erleben dürfen, wie Gott uns für eine kurze Zeit von den Gedanken und Sorgen befreit. Bete doch einmal mit deinem Bügeleisen, deinem Rasenmäher oder deinem Kochlöffel in der Hand.

Den Seinen gibt der Herr: den Schlaf

Erschöpfung und Ermüdung schlagen gerade in der Krise zu: als Reaktion auf zu viel Stress – aber auch als Ausweg vor belastenden Gedanken. Manche brauchen dann einfach mehr Schlaf, andere fühlen sich schon nach einer Stunde Arbeit so müde wie nach einem ganzen Arbeitstag. Da mit sich selbst – oder von anderen her gedacht: mit solchen Menschen – ungeduldig zu werden ist leicht. Vielleicht sind diese Mitmenschen nicht ganz so resilient, nicht ganz so stark. Aber ihre Reaktion ist die gewöhnliche Reaktion normaler Menschen auf eine außergewöhnliche Situation. Ihnen (und mir selber) gegenüber milde zu sein lerne ich vom weisen Poimen. Schließlich ist Schlaf die körperliche Basis aller geistlichen Herzensruhe.

> Einige von den Alten kamen zum Altvater Poimen und sagten zu ihm: ›Wenn wir beim Gottesdienst Brüder einnicken sehen, willst du, dass wir ihnen einen Stoß geben, damit sie in der Vigilie wachen?‹ Er erwiderte: ›Wahrlich, wenn ich einen Bruder einnicken sehe, dann leg' ich seinen Kopf auf meine Knie und lasse ihn ruhen.‹ (666)

Ordnung zweiter Ordnung

Gib dem Leben eine Ordnung, damit es dich trägt – so und ähnlich klingen die Tipps, die helfen sollen, nicht zum Mittagessen noch in der Schlafanzughose herumzusitzen und nichts richtig auf die Reihe zu bekommen. Besonders für die unter uns, die unregelmäßig oder von zu Hause aus arbeiten, ist das wirklich wichtig.

Das Mönchtum aller Religionen kennt solche Lebensregeln, die den Tag in feste Gebets-, Arbeits- und Essenszeiten strukturieren. Manche sind dabei strenger, manche lockerer und manche sind so wie die Wüstenväter: extrem asketisch – viele machten etwa wöchentliche Fasttage, an denen es einfach gar nichts zu essen gab oder die ganze Nacht durchgebetet wurde. Manche führte das zu großer Ruhe und Heiligkeit. Die Gefahr, dass dann aber vor lauter Regeln kein Leben mehr übrigbleibt, gibt es auch. Leicht wird alles, was außerhalb der Regel spontan passiert, als Störung erlebt – und vielleicht übersieht man sogar einen kleinen Gruß vom Heiligen Geist. Ein (anonymer) Altvater lehrt uns, Lebensregeln zu befolgen, die Platz lassen für das Unerwartete, uns sozusagen die Überraschung zur Regel zu machen. Und – womit könntest du dich morgen einmal überraschen?

> Ein Bruder kam einst zu einem Einsiedler, und als er wiederum von ihm fortzog, sagte er: ›Verzeih mir, mein Vater, wenn ich dich in deiner Ordnung gestört habe.‹ Dieser aber antwortete ihm: ›Meine Regel ist es, dich in Gastfreundschaft aufzunehmen und dich in Frieden zu entlassen!‹ (1191)

Mein Fühlen

Ein Plan gegen Traurigkeit

Wie mit Traurigkeit und Niedergeschlagenheit umgehen? Antonios, einer der größten der Wüstenväter, überwindet sein Motivationsloch, indem er sich einen regelmäßigen Tagesplan gibt, sich kleine, erreichbare Aufgaben vornimmt. Das hilft auch in der Krise: nicht in den Tag leben, sondern morgens überlegen, was ich heute schaffen will. Dann genau das machen – und sich an dem freuen, was gelingt.

> Als der Altvater Antonios einmal in verdrießlicher Stimmung und mit düsteren Gedanken in der Wüste saß, sprach er zu Gott: ›Herr, ich will gerettet werden, aber meine Gedanken lassen es nicht zu. Was soll ich in dieser meiner Bedrängnis tun? Wie kann ich das Heil erlangen?‹ Bald darauf erhob er sich, ging ins Freie und sah einen, der ihm glich. Er saß da und arbeitete, stand dann von der Arbeit auf und betete, setzte sich wieder und flocht an einem Seil, erhob sich dann abermals zum Beten; und siehe, es war ein Engel des Herrn, der gesandt war, Antonios Belehrung und Sicherheit zu geben. Und er hörte den Engel sprechen: ›Mach es so und du wirst das Heil erlangen.‹ Als er das hörte, wurde er von großer Freude und mit Mut erfüllt, und durch solches Tun fand er Rettung. (1)

Sei freundlich zu deinen Gedanken

Wie umgehen mit inneren Bildern und Gefühlen, die dich in einer Krisenzeit überfallen? Solche Gedanken können Angst vor dem eigenen Tod, Sorge um die Zukunft der anderen oder Ärger über die Mitmenschen sein. Was dann hilft, ist, alle diese Gedanken mit einer »freundlichen« Haltung kommen zu lassen. Das heißt, einfach zu beobachten, wie sie sich anfühlen – beispielsweise schrecklich, verspannt, kalt, atemlos, krampfhaft, dunkel … – und sie dann weiterziehen zu lassen. Im Beobachten distanzieren wir uns – und das Negative verliert seine Macht … wie damals.

> Ein Bruder kam zum Altvater Poimen und sagte: ›Vater, ich habe vielerlei Gedanken und komme durch sie in Gefahr.‹ Der Altvater führte ihn ins Freie und sagte zu ihm: ›Breite dein Obergewand aus und halte die Winde auf!‹ Er antwortete: ›Das kann ich nicht!‹ Da sagte der Greis zu ihm: ›Wenn du das nicht kannst, dann kannst du auch deine Gedanken nicht hindern, zu dir zu kommen. Aber es ist deine Aufgabe, ihnen zu widerstehen!‹ (602)

Sagen, was ist

Abbas Poimen sprach: ›Lehre deinen Mund sagen, was dein Herz hat.‹ (637)

»Was hast du denn?«, fragen wir – und erkundigen uns damit, was einen Menschen gerade bewegt, bei dem augenscheinlich nicht »alles in Ordnung« ist. Und doch ist dann oft die Antwort ein oberflächliches »gut«. Vielleicht ist dir das auch schon passiert – jemand fragt dich, wie es dir geht, und du antwortest ausweichend oder erzählst, was du gemacht hast. Gerade unangenehme Gefühle, die es in einer Krisensituation oft gibt, binden wir anderen nicht gern auf die Nase. Und wir spüren sie selber erstmal nicht so sehr. Was unser Herz »hat«, also, was innerlich wirklich mit uns los ist, das wahrzunehmen ist gar nicht so leicht.

Den Wüstenvätern ging es darum, einen tiefen Blick ins Herz zu gewinnen – sie sprechen von »Herzensschau«. Heute würde man vielleicht eher von »ganzheitlicher« Lebenserfahrung sprechen. Der Anfang dieser »Herzensschau« ist es, die eigenen Impulse und Gefühle zu kennen. Das fängt bei der Körperwahrnehmung an (ziemlich oft existiere ich nur in meinen Augen auf dem Bildschirm), geht beim Fluss meiner Gedanken weiter (die weit weg von mir und zeitlos oder konkret im »Hier« und »Jetzt« sein können) und führt zu den eigenen Gefühlen. Versuche doch einmal zu beschreiben, wie es dir gerade wirklich geht, und verwende dazu mehr Worte, mehr Nuancen als nur »traurig«, »fröhlich«, »ängstlich« und »wütend«. Sagen, »was das Herz hat«, heißt, die leichten und die schweren

Gefühle ernst zu nehmen, genauer kennenzulernen und zu benennen. Und – was hat dein Herz?

Stille lehrt genauer hören

Die weisesten der Wüstenväter waren extreme, fast masochistische Asketen, aber sie hatten in der Selbstverleugnung und im Betrauern ihrer Sündhaftigkeit große Demut gelernt. Die Schüler, die ihnen nacheiferten, erbaten sich »ein Wort«, also einen Weisheitsspruch, von dem man lernen kann.

> Ein Bruder kam in die Sketis zum Altvater Moses und begehrte von ihm ein Wort. Der Greis sagte zu ihm: ›Fort, geh in dein Kellion* und setze dich nieder, und das Kellion wird dich alles lehren.« (500)

Oft verwehren sich die Altväter, wie hier auch Abbas Moses gegen aufdringliche Ratsucher. Sie wissen, dass menschliche Worte oft verabsolutiert werden und polarisieren. Stattdessen hilft die Stille der Zelle, alles abzuwägen, ruhig einzuordnen, in seinen Nuancen und Schattierungen zu betrachten. Gegen die Skandalisierungsmaschinerie unserer Medienwelt, die ja von den lauten Emotionen lebt, wirkt die Zurückgezogenheit – ob im »Lockdown« oder der selbstverordneten »Auszeit« zu Hause. Lass' dich nicht von Prognosen und Überschriften in Angst und Schrecken versetzen, sondern suche das Schweigen.

* Kellion heißt »Zelle« – nach der Wüsten-Region der »Kellia«, wo die Mönche schon sehr früh ihre Einsiedeleien errichteten.

Das Engelgleiche entdecken

Kinder können eine echte Freude sein – aber auch richtig nervig. Wenn beim Kleinen gerade eine Warum-Frage die nächste jagt, das Pubertier mit sich selbst nicht klarkommt …, dann ist manche Mama und mancher Papa vielleicht froh, wenn er oder sie mal wieder zur Arbeit darf. Sogar die Wüstenväter waren von Kindern genervt. Aber Abbas Poimen sieht tiefer:

> Die Brüder des Altvaters Poimen sagten zu ihm: ›Lasst uns von diesem Orte weggehen; denn die Kinder hier belästigen uns, und wir verlieren unsere Seelen: siehe, die weinenden, kleinen Kinder lassen uns nicht zur Ruhe kommen.‹ Da sagte ihnen Abbas Poimen: ›Wegen der Stimmen der Engel wollt ihr von hier fortgehen?‹ (729)

Genau das, was uns nervt, ist oft das, was uns im Leben nicht egal ist – was wir oft um uns haben … Wenn wir näher hinschauen, können wir wieder entdecken, wie Gott da eine kleine Botschaft – einen Engel – für uns versteckt hat. Also: Wer oder was ist dir heute am meisten »auf den Zeiger gegangen« – Kinder, Partner, Kollegen, Chef? Schau mal, ob du wieder entdecken kannst, dass gerade an diesen etwas Liebenswertes war und noch ist.

Realistischer wünschen

> Der Abbas Olympios von den Kellien wurde zur Unreinheit versucht. Sein Gedanke sagte zu ihm: ›Geh und nimm ein Weib!‹ Da stand er auf, bereitete Lehm, bildete ein Weib und sprach zu sich: ›Sieh, das ist dein Weib, jetzt musst du viel arbeiten, um sie zu ernähren.‹ Und er arbeitete mit großer Anstrengung. Nach einem Tag machte er wieder Lehm zurecht und formte daraus eine Tochter, und er sprach zu sich: ›Dein Weib hat geboren! Nun musst du noch mehr arbeiten, damit du dein Kind ernähren und bekleiden kannst.‹ Mit solchem Tun arbeitete er sich auf und sagte zu sich: ›Ich vermag die Mühe nicht mehr zu ertragen.‹ Und er sprach zu sich: ›Wenn du die Mühe nicht ertragen kannst, dann verlange auch nicht nach einem Weibe.‹ Gott sah seine Anstrengung und nahm den Kampf von ihm, und er bekam Ruhe. (572)

Abgesehen davon, dass die Wüstenväter etwas frauen- und beziehungsfeindliche Tendenzen hatten, schlugen auch sie sich schon mit dem Alleinsein herum. Und sicher sind nicht alle, wie Olympios, Mönch geblieben, sondern haben sich für einen anderen – auch guten – Weg entschieden. In unseren Zeiten leiden nicht wenige unter ihrer Lebensform: sei es, dass sie sich als Single allein fühlen, sei es, dass sie sich nicht so richtig mit ihrem Partner, ihrer Partnerin verstehen. Ich selbst merke immer wieder die Sehnsucht, nicht allein zu leben. Da finde ich besonders spannend, was Olympios ganz praktisch macht: Er verwirft seinen

Wunsch nicht einfach; diese unnötige Härte gegen sich selbst unterdrückt ja wichtige Teile der Persönlichkeit. Er lässt seinen Wunsch aber auch nicht einfach Realität werden, sondern versucht, sich alle Konsequenzen vor Augen zu führen. Bei ihm bekommt das aus der heutigen Perspektive zwar eine Schräglage – Frauen und Kinder sind ja keine »Arbeitsbelastung« –, aber er merkt im Abwägen, welche anderen Wünsche nach mönchischer Ruhe auch noch da sind. So gewinnt er inneren Abstand und kann sich klarer entscheiden. Dieser Weg funktioniert auch für ganz andere Themen, nicht bloß für Partnerschaftsfragen. Also: Was wünschst du dir gerade am meisten? Träume nicht bloß davon, denke es durch!

Die Gabe der Tränen

> Man erzählte: Sein ganzes Leben hatte [Abbas Arsenios], wenn er bei seiner Handarbeit saß, ein Tuch auf seinem Schoß wegen der Tränen, die ihm aus den Augen flossen. Als der Altvater Poimen von seinem Hinscheiden hörte, sagte er unter Tränen: ›Selig bist du, Altvater Arsenios, weil du über dich in dieser Welt geweint hast. Wer nicht hier über sich weint, der wird dort ewig weinen. Ob wir es hier freiwillig tun oder dort wegen der Qualen, es ist unmöglich, nicht zu weinen.« (79)

Manche Wüstenvätererzählungen klingen zunächst sehr depressiv. Die menschliche Existenz zu beweinen, vor allem die eigenen Sünden, das ist ein wiederkehrendes Motiv. Und doch unterscheiden die Wüstenväter zwischen der lähmenden Seelenfinsternis und der Gabe echter Tränen, die für sie eine tiefe Einsicht in die Welt bedeutet. Anders als die durch Oberflächlichkeiten abgelenkten Stadtmenschen sehen die Wüstenbewohner, wie es um sie wirklich steht: Sie sind bei Weitem nicht so perfekt, wie sie's gerne hätten – und sie bedauern die verpassten Gelegenheiten zur Liebe (so kann man die »Fegefeuer-Qualen« doch auch verstehen). Aus dieser Einsicht gewinnen sie die Kraft, den anderen weniger zu verurteilen – eben ihre sprichwörtliche Güte den anderen gegenüber. So führt die schonungslose Klarheit im Blick auf sich selbst zur Milde gegenüber den anderen … Ohne den Drang, andere zu verurteilen, finden sie Herzensruhe, die also eine Gabe

der Tränen ist. Deshalb meint Poimen, dass der weinende Arsenius zur Seligkeit gelangt ist. – Wenn du in diesen Tagen weinst (trau dich!): Wohin könnten dich deine Tränen führen?

Resteessen

Einige fragten den Altvater Megethios: ›Wenn von einem gekochten Gericht etwas für den nächsten Tag übrig ist, willst du, dass es die Brüder essen?‹ Der Greis antwortete ihnen: ›Wenn es verdorben ist, ist es nicht recht, die Brüder zu nötigen, es zu essen, sie könnten krank werden. Vielmehr soll es weggeworfen werden. Wenn es aber noch gut ist und nur weggeworfen wird, weil sie heikel sind, und dafür anderes gekocht wird, dann ist das schlecht.‹ (537)

Es sind manchmal die kleinen Dinge – wie zum Beispiel das Essen, an denen sich viel über die Lebenseinstellung lernen lässt. Unsere Konsum- und Wegwerfgesellschaft zeigt sich da von ihrer unschönen Seite, wenn einerseits containerweise Nahrungsmittel entsorgt werden und anderswo Menschen vor Hunger sterben. Interessanterweise habe ich schon bei den Vätern eine Diskussion gefunden, wie mit übrigem Essen umzugehen ist. Mitdenken muss man da, dass die Mönche ja eigentlich immer fasteten – und teils auch extrem wenig oder auch eigentlich Ungenießbares zu sich nahmen.

Aber vor diesem Hintergrund wird auch die Mäßigung des Megethios sichtbar, der sich nicht zu schade ist, etwas zu den Essensresten zu sagen – weil nämlich auch im maßvollen Umgang mit den ganz irdischen Dingen Gott erkannt werden kann: Dass uns das Essen »durch die Kräfte der Natur und die Mühe des Menschen« gewachsen ist, lehrt Respekt vor Schöpfer und Schöpfung. Das jedenfalls

war einer der Gründe des Fastens – das nicht bloß Verzicht ist, sondern achtsame Wertschätzung des Irdischen.

Weder Stolz noch Panik

Der Altvater Nisteroos, der Große, wanderte einmal mit einem Bruder durch die Wüste. Als sie einen Drachen sahen, flohen sie. Da sagte der Bruder zu ihm: ›Auch du fürchtest dich, Vater?‹ Der Greis antwortete ihm: ›Ich fürchte mich nicht, Kind! Aber es ist mir nützlich, dass ich floh, da ich sonst nicht imstande gewesen wäre, dem Geist der leeren Eitelkeit zu entfliehen.‹ (556)

Ob man sich nun vor einem Drachen fürchtet, vor einem Virus, vor einem Krieg oder vor sonst einer Bedrohung der Zukunft: Als Christin und Christ bleibt die Hoffnung, dass keine irdische Bedrohung uns die Liebe Gottes wegnehmen kann. Aber umgekehrt so dumm zu sein, nicht auf eine Gefahr zu reagieren, das wäre, wie Nisteroos meint, bloßer Stolz, der genauso blind machen kann wie Furcht. Weder die »leere Eitelkeit« der Ich-Sucht, die nur eines will: die eigene Freiheit nicht beschränken, noch die »Panikmache«, die am liebsten alle nach den eigenen Vorstellungen einsperrte, ist am Ende hilfreich. Der Weg, der weiterführt, liegt in der Pandemie wie in jeder Krise dazwischen: mit möglichst hoffnungsvoller Vernunft die Risiken abwägen – für sich und andere.

Mein Entscheiden

Vom Urteilen und vom Unterscheiden

So viele Argumente, so viele Thesen, so viele Streitfragen brechen auf, wenn die Nerven blank liegen – wer hat recht? Für die Altväter gibt es einen wichtigen Unterschied zwischen »Unterscheiden« und »Urteilen«. Unterscheiden meint, zu erkennen, was die inneren Regungen, das »Gewissen«, sagen; so versuchen sie zu verstehen, was gut ist für ihr Leben. In der »Herzensschau« haben sie so die Wahrheit ihres eigenen Lebens erkannt und konnten auch anderen helfen. Urteilen hingegen heißt, eine Person oder einen Sachverhalt von außen her be- und verurteilen – das steht nur Gott zu und verwirrt die Menschenseele: zu leicht entsteht Spaltung und Hass. Also – besser nicht fragen: Wer ist besser oder schlechter?, sondern: Bei welchen Gedanken findet meine Seele Ruhe? So wie Altvater Agathon, von dem es heißt:

> Wenn er etwas sah und sein Herz über die Sache urteilen wollte, sprach er zu sich: ›Agathon, tu das nicht!« Und so kam sein Denken zur Ruhe. (100)

Kann ich nicht oder will ich nicht?

Wenn die Langeweile zuschlägt, passiert wenigstens mir etwas Seltsames – und ich vermute, es geht vielen anderen auch so: Ich werde träge. Gerade an solchen Tagen mit viel Routine und wenig Abwechslung oder Herausforderung beobachte ich eine komische Sache: Je weniger ich leisten muss, desto weniger Schwung habe ich und desto weniger zufrieden bin ich … Ich werde schlapp und habe das Gefühl, dass mir auch das, was ich noch tun will, zu anstrengend ist. Ich bin zu müde und glaube, dass ich lieber Pause machen sollte und dass es sowieso egal ist, was ich mache.

Die Alten kannten das – was soll man in der Wüste auch tun? – und nannten es »Trägheit« (Akedia, manchmal sprachen sie auch vom »Mittagsdämon«). Trägheit macht schlapp und traurig. Aber wenn ich erkenne, dass es gar nicht stimmt, dass ich keine Kraft mehr habe, sondern mir ganz gezielt Aufgaben vornehme, Tage plane, mich aufraffe, dann ist die Trägheit schon besiegt – und es kehrt gerade im Tun gelassene Ruhe ein. Das, scheint mir, ist eines der Geheimnisse des Mönchtums aus der Wüste.

> Ein Bruder fragte den Altvater Poimen über die Trägheit. Der Alte antwortete: ›Die Trägheit steht vor allem Anfang, und es gibt keine ärgere Leidenschaft als sie. Aber wenn der Mensch erkennt, dass sie es ist, dann kommt er zur Ruhe.« (723)

Wider die Selbstoptimierung

»Krise« wird gerne mit »Unterscheidungszeit« übersetzt. Manch einer meint, man müsse auch das Chaos einfach nur richtig managen, dann gehe man sogar noch gestärkt aus einer solchen Zeit hervor. Aber eines ist nicht zu unterschätzen: Es entsteht leicht der Druck, in einer Krisenzeit mehr als perfekt funktionieren zu sollen. Manche von uns schaffen das – für andere ist es eigentlich echt zu viel.

Vielleicht ist der Sonntag eine gute Gelegenheit, sich einmal einzugestehen, dass es nicht gut ist, immer perfekt zu sein. Lass' mal den Gedanken zu, dass du grade überfordert bist. Es ist okay, dass gerade nicht alles klappt. Auch die Wüstenväter haben es immer wieder übertrieben – eigentlich sind die meisten Erzählungen voll von strengstem Fasten. Einen der Altväter musste – um seiner Mitbrüder willen – sogar ein Engel zur Ordnung rufen.

> Von den Vätern erzählte einer über den Altvater Sisoes von Kalamon. Als er einmal den Schlaf überwinden wollte, band er sich an einen Felsen der Petra an. Da kam ein Engel und löste ihn ab und verkündete ihm, er solle das nicht mehr tun und anderen nicht eine solche Überlieferung hinterlassen. (836)

Dem Denken nach: Christin und Christ sein!

> Ein andermal kamen zwei große Greise, Einsiedler aus den Gegenden von Pelusium, zu ihr [Amma Sarrha]. Als sie weggehen wollten, sprachen sie zueinander: ›Wir wollen diese Alte demütigen.‹ So sprachen sie zu ihr: ›Sieh zu, dass sich dein Denken nicht überhebe und du sagst: Siehe da, die Einsiedler kommen zu mir, obwohl ich ein Weib bin.‹ Die Amma Sarrha antwortete ihnen: ›Der Natur nach bin ich ein Weib, aber nicht meinem Denken nach!‹ (887)

Geschlechterrollen waren schon im alten Ägypten umkämpft – ein Grund für pseudolegitime Unterdrückung. Aber auch wenn viel weniger Sätze der Wüstenmütter überliefert sind – in ihrer Qualität stehen sie denen der Väter in nichts nach. Im Gegenteil: Die Frauen der Wüste zeigen ein Gespür für das Maß, das die Askese braucht. Und sie sind, so muss man Obiges lesen, nicht zu stolz auf ihre Demut – wie die Väter bisweilen. Sie stehen ihre Frau und erinnern die Ach-so-Frommen an die Worte der Schrift, die viele damals in großen Teilen auswendig kannten: In Christus ist die natürliche Unterscheidung von männlich und weiblich aufgehoben (Gal 3,28)!

Gerade in unserer Zeit sehen wir, wie unglaublich viele Frauen aufopferungsvoll in Betreuung, Erziehung, Pflege, Medizin arbeiten. Ist das nicht ein diakonischer Dienst? Wir werden als Menschheit nur überleben, wenn wir ihn gemeinsam tun – werden wir dem Denken nach Christin

und Christ! Die Krisen unserer Tage können wir nur überstehen, wenn wir als Menschen mit gleichen Rechten alle unsere maximale Kraft einsetzen können. Vielleicht muss heute einmal dein Problem zurückstehen, um einem anderen Menschen in seiner Krise zu helfen.

Kleider machen Haltung

Regelmäßig wird in Zeitungen und im Internet am Beispiel der Jogginghose diskutiert, welche Kleider man wo tragen kann. Sport ja, Konzert nein – aber Schule? Irgendwie gab es solche Diskussionen auch schon bei den Wüstenvätern: Für die zeigte sich ihre radikale Armut und Einfachheit auch in der Kleidung. Vielleicht haben sie ein bisschen übertrieben, aber jedenfalls waren sie der Ansicht, dass ihr Äußeres sie nicht als bessere Leute dastehen lassen dürfe – und dass ihre Kleidung ihre innere Haltung zum Reichtum der Welt abbilden solle.

> Abbas Isaak sprach: Der Altvater Pambo pflegte zu sagen: ›Der Mönch muss ein solches Gewand tragen, dass, wenn er es auch drei Tage vor sein Kellion würfe, es doch niemand anfassen möchte.‹ (383)

Eine Krise lehrt, dass manches, was bisher für wichtig gehalten wurde, eigentlich verzichtbar ist – vielleicht auch besondere Kleidung, Titel, Produkte, mit denen du deinen Status in der Welt markiert hast. Und jetzt geht es ganz anders, vielleicht sogar freier. Was ist dein »Jogginghosen-Moment«, an dem du Freiheit im Verzicht erlebst?

Mit ohne alles

> Derselbe Altvater Makarios in Ägypten traf einen Mann mit einem Lasttier, der ihm seine Habe raubte. Er trat wie ein Fremder neben den Räuber und half ihm das Tier beladen. In aller Ruhe entließ er ihn, indem er sagte: ›Wir haben nichts in diese Welt hineingebracht, und es ist offenbar, dass wir auch nichts mit hinausnehmen können (1 Tim 6,7). Der Herr hat es gegeben, so wie er wollte, so ist es auch geschehen. Gepriesen sei der Herr in allem!« (Job 1,21). (471)

Mit ohne alles – sagen Kinder, wenn sie sprechen lernen. »Mit ohne alles« lebt Makarios. Was er hat und besitzt, ist ihm nicht so wichtig, wie Gott zu loben. Wenige wissen so genau – und leben so konsequent –, was ihnen wichtig ist. Von Liebe, von Gesundheit, von Solidarität zu reden ist nicht schwer. Aber dahinter stecken oft auch noch andere Motivationen, wie etwa ein zukunftssicherer Lebensentwurf, ein zuverlässiges Gehalt, eine bequeme Tagesgestaltung.

Die Armut des Makarios ist ein Vorbild, sich nicht zu sehr an irgendetwas festzuklammern. Nicht einmal am Leben. Für mich erkenne ich in diesem Geist: Echt erlebte Liebe ist mir das Wichtigste – was sollte ich dafür wohl alles aufgeben? Was könntest du gerade als unwichtig auf den Esel laden, was nicht?

Für was brennst du?

> Ein Bruder wandte sich an den Abbas Poimen: ›Sage mir ein Wort«! Und er sprach zu ihm: ›Wenn der Kessel über dem Feuer ist, kann ihn keine Fliege berühren und auch kein anderes Kriechtier. Wenn er aber erkaltet ist, dann setzen sie sich darauf. So auch der Mönch: Solange er in geistlichen Übungen verharrt, findet der Feind keine Möglichkeit, ihn zu stürzen.« (685)

Es gibt Tage, da habe ich Schwung und Freude und Energie – und dann gibt es andere, traurige, schleppende Tage. Was beide voneinander unterscheidet? An den ersten weiß ich, wofür ich leben will – an den anderen habe ich das Gefühl, keine rechte Aufgabe im Leben zu haben. Für mich lerne ich langsam: Wenn ich für eine Sache brenne, lebe ich zufriedener. Was das jeweils ist, ist ganz verschieden. Für manche sind das vielleicht Kinder, für andere eine politische Vision, für wieder andere die wissenschaftlich begründete Erkenntnis – für was brennst du so, dass dir nichts den Tag verderben kann?

Fallen und wieder aufstehen

Manche Tage laufen nicht gut: Ich nehme mir vor, dieses oder jenes zu schaffen – und am Ende fühlt sich der Tag irgendwie vertrödelt an … Ich glaube, das passiert fast jedem einmal. Andere kämpfen vielleicht mit der Ungeduld, hatten sich vorgenommen, heute gelassener zu sein, und ärgern sich dann doch wieder über einen anderen Menschen. Sich am Abend deshalb zu grämen ist gefährlich: Statt sich am nächsten Tag wirklich zu bessern, raubt eine solche Fixiertheit auf die Fehler auch noch die Energie zur Veränderung.

Zur Zeit der Wüstenväter gab es ziemlich hohe Ideale – und jeder Fehler wurde als Sünde gegen Gott verstanden. Gerade denen, die sich selbst hart verurteilten, erzählten die Altväter aber von der Barmherzigkeit Gottes und davon, wie wichtig es ist, realistisch zuzugeben, was nicht geklappt hat, aber dann auch wieder neu anzufangen, statt sich selbst zu bemitleiden. Realismus hilft, weder vor zu hohen Idealen passiv zu werden noch wegen zu niedriger Ideale gar keine Motivation mehr zu haben!

> Abbas Poimen wurde von einem Bruder gefragt: ›Wenn ich einem kläglichen Fehler verfalle, dann zehrt mich mein Denken auf und klagt mich an: Warum bist du gefallen?« Der Greis antwortete: ›Zu der Stunde, da der Mensch fällt und sagt: Ich habe gesündigt, ist sein Fehler auf der Stelle getilgt.« (673)

Wähle das Leben, mein Freund!

Man erzählte vom Altvater Ammonas, dass er einmal einen Basilisken getötet hatte. Er war in die Wüste gegangen, um aus einem Tümpel Wasser zu schöpfen, da bemerkte er einen Basilisken. Er warf sich auf das Antlitz und sprach: ›Herr, muss ich sterben oder er?‹ Und auf der Stelle zerplatzte der Basilisk durch die Kraft Christi. (114)

Manche der Wüstenvätergeschichten sind nicht frei von etwas naivem Wunderglauben. Vordergründig geht es hier um die Kraft von Gebet und Gottvertrauen. Wir wissen, dass es solches Gebet nicht gibt, dass Gott so (magisch) nicht funktioniert – sonst wäre jeder Christ, der nicht vor den Kliniken steht und beständig gegen Krankheit betet wegen Unterlassung zu verklagen. Aber mich überzeugt der Humor dieser Geschichte …, da gibt es keinen großen Zauberspruch oder einen Kampf wie bei Harry Potter, nein, das Böse platzt einfach wie ein zu stark aufgeblasener Luftballon. Und es enttarnt sich so: Da bläht sich etwas im Alltag des Altvaters so auf, drängt in den Vordergrund und trachtet nach seinem Leben. Für was das Fabelwesen steht, ist nicht klar, aber so sehr waren die Wüstenväter schon Psychologen, dass sie im äußeren Tier die innere Regung erkannten. Und der Abbas bemerkt, dass es da in seinem Leben etwas gibt, was ihm den Blick verstellt auf das Lebenswichtige des Wasserlochs. So kann er die Alternative erkennen und fragt: er oder ich – mein Leben oder dieser schädliche Gedanke?

Wie wäre das, wenn es heute mit deiner Sorge, die dir den Verstand rauben will, so ginge (nur für einen Augenblick, in Gedanken, vorgestellt): wie sie sich als krokodiliges Untier deinem Leben in den Weg stellt und sich so wichtigmacht, dass sie platzt, wenn du dich ans Leben, an den lebenspendenden Gott zurückerinnerst?!

Meine Einsamkeit und die anderen

Vom gegenseitigen Ertragen

> Abbas Paulos Kosmetes und Timotheos, sein Bruder, hatten ihren Sitz in der Sketis, und oft kam es unter ihnen zum Streit. Da sagte Abbas Paulos: ›Wie lange bleiben wir so?« Abbas Timotheos antwortete: ›Erweise mir die Liebe und ertrage mich, wenn ich dir lästig falle, und wenn du mir lästig fällst, will auch ich dich ertragen.« Sie machten es so und hatten für die übrigen Lebenstage Ruhe. (792)

Die wenigsten sind ständig ganz allein. Einsam vielleicht – aber doch irgendwie noch im Kontakt mit anderen Menschen, vielleicht mit Mitbewohnern, vielleicht mit Partnerinnen oder Partnern, vielleicht mit einer ganzen Familie. Die allerersten Wüstenväter sind zwar als Eremiten in die Wüste gezogen, aber bald siedelten sich bei ihnen andere an. Und so entstanden in den Wüsten Ägyptens, der »Sketis«, der »Nitria« und der »Kellia«, große Mönchssiedlungen südöstlich von Alexandrien zum Nil hin. In diesen Ansammlungen von Einsiedeleien war das Zusammenleben auch nicht immer einfach. Abbas Paulos und Timotheos gingen sich wohl auch gehörig auf den Geist. Als Lösung schlagen sie eine Art Handel vor: Heute erträgst du mich, morgen ich dich ... und so tragen wir uns.

Also, wenn heute jemand nervt – erweise ihm Liebe, damit er oder sie morgen dir Geduld schenkt. Und das ist (für alle) ein Win-Win-Handel!

Auszeit

Innere Quarantäne kann ein Gebot der Klugheit sein, auch für geistige »Entzündung« beim Streit. Wenn mir – bei aller Liebe – der Geduldsfaden zu reißen droht und ich die Wut in mir aufsteigen spüre, ist es manchmal besser, erst einmal eine Pause zu machen. Wenn ich mir einen Moment der Ruhe gönne (manchmal das kurze »Tief-Durchatmen«, manchmal »eine Nacht darüber schlafen«), dann können sich meine inneren Maßstäbe wieder einrichten (ich bin ein liebenswerter Mensch – und auch dir will ich deine Würde als Gottgeliebter lassen).

Kurz bevor der Streit völlig eskaliert, hilft es manchmal, dem/der anderen zu sagen: »Du, ich muss mich erst einmal selbst wieder sortieren, und ich verspreche dir, dass wir dann noch einmal drüber reden, wenn ich mich wieder gefunden habe« – und sich dann eine Auszeit im Schweigen zu nehmen. Das heißt also: unkontrollierte Aggression vermeiden und stattdessen dem Herzen die Zeit geben, aus der ärgsten Aufregung herauszukommen. So jedenfalls verstehe ich Abbas Johannes Kolobos:

> Wiederum sagte er [Johannes Kolobos]: ›Als ich einmal mit einem Seile in der Sketis unterwegs war, begegnete mir ein Kameltreiber. Er begann eine Unterhaltung und reizte mich zum Zorn. Da ließ ich meine Sachen liegen und entfloh.« (320)

Zur Erklärung: Kameltreiber galten damals als eher grobe und einfache Zeitgenossen, auch wenn das Kamel selbst in Ägypten viel größeres Ansehen hat, da es ja ausdauerndes Arbeitstier ist.

Gern vergeben

Wenn Menschen unter Druck kommen, verteidigen sie sich – das ist eine ganz natürliche Reaktion auf Stress: Wir fliehen oder kämpfen. Wenn in einer Krisensituation kleine Fehler passieren, kann sich das schnell zu einem »sauberen Streit« auswachsen. Jeder versucht schließlich, sein Ich, sein Ansehen zu verteidigen.

Für die Wüstenväter zeigt sich gerade da die Demut: dass man die eigene Person nicht zu wichtig nimmt, nicht stolz darauf wartet, dass der oder die andere mit einer Entschuldigung angekrochen kommt, sondern schon vorher vergibt. Gerne verzeihen ist ein Zeichen für eine reife Persönlichkeit, die weiß, dass wir alle fehlbar sind. Wer verzeiht, macht damit nicht bloß dem anderen das Leben leichter, sondern auch sich selbst: Sich über den anderen aufregen müssen, Gründe für den Ärger haben zu müssen, weiter grollen zu dürfen, gar nachtragend zu sein, das kostet eigentlich ganz schön Kraft. Für heute also: Versöhnung – für den anderen und für dich selbst.

Ein Altvater antwortete auf die Frage, was Demut sei: ›Die Demut besteht darin, dass du deinem Bruder, der gegen dich gefehlt hat, verzeihst, noch ehe er dich um Verzeihung gebeten hat.« (1068)

Wofür der Eifer?

> Athanasios, Erzbischof von Alexandrien heiligen Angedenkens, lud den Altvter Pambo ein, aus der Wüste nach Alexandrien zu kommen. Der kam und sah dort eine Schauspielerin und brach in Tränen aus. Die Anwesenden fragten ihn, warum er weine. ›Zwei Dinge‹, sagte er, ›haben mich bewegt: Das erste ist ihr Verderben, das zweite, dass ich nicht so großen Eifer entfalte, Gott zu gefallen, wie sie, schlechten Menschen zu gefallen.‹ (765)

Über manch fades Gefühl, manchen traurig-einsamen Abend kann man sich mit einem guten Film oder einer spannenden Serie ganz gut hinwegtäuschen. Die Medienleute, Autoren, Schauspielerinnen sind wohl gerade in einer Krise wie der Corona-Pandemie gefragt: Sie erzählen von anderen Leben – und manchmal lenken sie gut ab oder unterhalten einfach. Für die Wüstenväter wäre das ganz undenkbar gewesen: Die strengen asketischen Bewegungen des frühen Christentums lehnten jede Unterhaltung ab, ob nun Theater, Tierhatz, Gladiatorenkämpfe oder Wagenrennen. Aber trotz seiner Ablehnung kann Pambo den Eifer der Schauspielerin bewundern.

Ich lerne von ihm: Noch an dem, was ich ablehne, kann ich etwas Schönes finden – und der Altvater meint sogar, es könnte mich zu Gott führen, wenn ich ebenso viel Kraft in Gebet und Nächstenliebe investieren würde wie andere in etwas, das mir eigentlich nicht gefällt. Mich inspiriert das zu der Frage: Was stört mich am anderen – was ist an ihm bewundernswert – kann ich davon etwas lernen?

Sich auf die Zunge beißen

Wer sich in einer persönlichen Notlage befindet, wer eine Krise durchmacht, erlebt leicht, wie die eigene Aggression steigt. Oft steckt dahinter ein Bedürfnis nach Schutz und Sicherheit. Aber das können die anderen nicht so leicht nachvollziehen. Schnell eskaliert dann die Stimmung und etwas in uns will sich einfach nur gegen alles wehren und den anderen verletzen: dem anderen sagen, was für ein Hornochse er ist, was er immer schon falsch gemacht hat, warum sowieso alles ganz anders geht … Dann ist der Friede dahin – vielleicht ganz gegen unsere bewusste Absicht. Wie es anders gehen kann, lese ich in dieser Erzählung:

> **Zum Altvater Achilas kam einmal ein Bruder und sah, dass er Blut aus dem Munde spuckte. Da fragte er ihn: ›Was ist das, Vater?‹ Der Greis erwiderte: ›Das ist die Rede eines Bruders, die mir wehe getan hat. Ich kämpfte mit mir, es ihm zu verstehen zu geben. Doch dann bat ich Gott, dass die Rede von mir genommen werde, und sie wurde Blut in meinem Munde, und ich spuckte es aus – so bekam ich Ruhe und vergaß das Leid.‹** (127)

Die Wüstenmönche waren Spezialisten im Beobachten ihrer inneren Impulse. Ich verstehe, was hier über Abbas Achilas gesagt wird, so, dass er sich lieber auf die Zunge gebissen hat, als einem Bruder im Streit Widerworte zu geben – womöglich wäre er sogar im Recht gewesen. Aber er setzt ganz bewusst gegen diese instinkthafte verbale Gewaltreaktion sein Schweigen, bittet Gott, dass ihn der Ge-

danke der Vergeltung, die Überzeugung, im Recht zu sein, der Wille zur Rache verlässt. Und tatsächlich: Der Streit wird nicht fortgesetzt, sondern er findet Ruhe. Kann dir dein Körper auch so beim Beten und Frieden finden helfen wie dem Achilas?

Nichts Unmögliches wollen

Abbas Poimen sprach: ›Fliehe einen Menschen, der nicht reden kann, ohne unaufhörlich zu streiten.‹ (988)

Realismus ist eine der Stärken der Wüstenväter. Keine große Frömmelei; oft wird nicht einmal direkt von Gott gesprochen. Der scheint eher im Hintergrund und gerade deswegen ganz konkret mit dabei zu sein. Aber das hat viele kleine Konsequenzen, zum Beispiel die, dass die Abbas sich keine unmöglichen Herausforderungen vorgenommen haben, wie etwa die, einen Menschen, der ständig auf Krawall gebürstet ist, aggressiv reagiert und sich leicht angegriffen fühlt, zum Frieden zu bekehren. Das schafft auch Poimen nicht, der doch schon weit gekommen ist auf dem Weg zur Friedfertigkeit. Aber statt sich nun täglich aufzureiben an einem Streithammel, zieht er die letzte Konsequenz – er hat es sicher vorher schon viele Male anders versucht – und geht.

Wo wirklich kein Friede, keine Versöhnung möglich ist, da muss ich mich schützen. Das kann heißen, eine halbe Stunde auseinanderzugehen, wenn der Streit gerade hochgekocht ist, bis sich alle beruhigt haben. Das kann am Ende auch heißen, getrennte Wege zu gehen, wenn es in Arbeit oder Partnerschaft miteinander einfach nicht mehr geht. Hier ist es die Kunst der Unterscheidung, zu erkennen, wie lange ich – mit meinen Kräften – für den Frieden kämpfen kann (meist mehr, als man zuerst denkt) und wann es besser ist, den Tatsachen ins Auge zu sehen und einen Schlussstrich zu ziehen. Vielleicht wartet hinter dieser Grenze ja ein anderer Friede, als ich ihn erzwingen kann?

Nicht geschimpft ist genug gelobt?

Wiederum sprach der Greis [Poimen]: Ein Bruder fragte den Abbas Pambo, ob es gut sei, den Nächsten zu loben, und er antwortete ihm: ›Besser ist das Schweigen.‹« (621)

Ich staune schon wieder darüber, wie viel psychologisches Gespür die Wüstenväter hatten. Moderne Studien weisen darauf hin, wie gefährlich zu viel Lob sein kann: Kinder, die für das Abmalen eines Bildes überschwänglich gelobt werden, trauen sich nicht, ein noch schwierigeres Bild abzumalen – vermutlich, weil sie fürchten, nicht mehr so viel Lob zu bekommen, weil und wenn sie es nicht schaffen. Ganz vereinfacht gesagt kann zu viel Lob dem Selbstbewusstsein schaden. Aus einer bestimmten Perspektive ist Loben deshalb fast so schlimm wie Tadeln: Es erhebt den Lobenden nämlich über den anderen; er wird – wenn auch positiv – beurteilt. Das widerstrebt Pambo.

Vielleicht ist es also besser, jemandem zu danken, statt ihn zu loben – und zwar dafür, wie er oder sie durch eine ganz konkrete Tat etwas in meinem Leben zum Guten verändert hat, mir eine Sorge genommen, eine Freude gemacht hat … Das hilft gegen Heldenkult, der die anderen zu bloßen Objekten meiner Bewertung macht, und bringt mich wieder in Beziehung. Und vielleicht gilt das sogar für das Gotteslob – da ist Schweigen auch manchmal besser …

Einfach sein lassen

Ein Bruder fragte einen Altvater: ›Wenn ein Bruder zu mir kommt und über Dinge außerhalb zu sprechen anfängt, soll ich ihm sagen, er möge mir davon nichts erzählen?‹ Der Altvater antwortete ihm: ›Sage gar nichts; denn wir können uns ja nicht einmal selbst bewahren. Darum muss man sich hüten, dem Nächsten zu verbieten, etwas zu tun, da wir selbst doch dasselbe oder vielmehr noch Schlimmeres ebenfalls tun.‹ Auf die Frage des Bruders. ›Was soll ich also machen?‹, antwortete der Greis: ›Wenn wir nur schweigen wollten, dann wäre dieses Beispiel für den Nächsten schon genug.‹ (997)

Wie die Mönche der östlichen Weltreligionen haben auch die ägyptischen Väter den Eindruck, dass keiner der Menschen durch und durch gut ist – dass das Leid überall gegenwärtig ist. Und es steckt so tief in uns drin, den und die andere zu kritisieren, besser zu wissen, einzuschätzen, dass viele das nicht einmal in dieser schrecklichen Tiefe bewusst wahrnehmen. Am Ende muss jede ihr eigenes, muss jeder sein Leben selbst leben – und tut es. Der und die andere sieht nicht hinein, sondern nur von außen drauf.

In diesem anonymen Apophthegma schlägt der Abba deshalb vor, zu schweigen: den und die andere einfach »sein zu lassen«. Sein Motiv ist die Demut aus dem Bewusstsein der eigenen Fehlerhaftigkeit. Ein guter Anfang! Ich denke aber, vielleicht ginge es auch umgekehrt: Schweigen aus Respekt vor der einzigartigen Schönheit des und der An-

deren. Vielleicht ist mein Werturteil ja gar nicht richtig und ich sehe bloß nicht, wie gut meine Mitmenschen sind. Was wäre, wenn dieser Mensch gut ist, wie er ist?

Wie sich Liebe anfühlt

»Warum ist Gott in Jesus Mensch geworden, gestorben und auferstanden? – Weil er uns aus Liebe erlösen wollte.« Die äußerst knappe Antwort von der Hingabe aus Liebe bleibt leicht ein abstraktes Spiel mit Begriffen. Die Wüstenväter versuchten, sich konkret einzufühlen in die Liebe Gottes, sie nachzuahmen – und verglichen dazu mit menschlichen Erfahrungen, wie einer sein Taschenmesser liebt und wie den Nächsten:

> Als die Brüder über die göttliche Liebe sprachen, sagte der Altvater Joseph: ›Wissen wir denn, was die Liebe ist?‹ Und er erzählte vom Altvater Agathon, dass er ein Schnitzmesserchen hatte. Und es kam zu ihm ein Bruder und lobte es. Da ließ er ihn nicht gehen, bis er das Schnitzmesserchen nahm. (107)

Was tust du aus Liebe zum Menschen? Etwas von dir wegschenken, das du magst? An jemanden, aus Liebe?

Liebe gegen Spaltung!

Dieser Väterspruch ist besonders für Theologen (egal welche) geeignet – und alle, die beim Streiten das bessere Argument auf ihrer Seite wähnen:

> **Eines Tages wies uns der Altvater Palladius zurecht: ›Glaubt mir, meine Söhne, durch nichts anderes sind die Schismen und die Häresien in die heilige Kirche gekommen als dadurch, dass wir Gott und den Nächsten nicht genug lieben.«** (1035)

Streit bricht leicht auf, gerade wenn die Nerven in einer Krise blank liegen. Sogar über religiöse Themen streitet man sich dann leicht. Wann, wie viel und vor allem auf welche Weise man beten oder dem anderen helfen muss, das wird leicht zur argumentativen Sprengfalle. Aber ist da mit dem Hinweis auf fehlende Liebe geholfen? Liebe, das ist für die einen ja pragmatisches, großzügiges Tun für die Nächsten in seelischer Not. Die anderen würden sagen: Wer Gott liebt, gehorcht seinen Geboten und konzentriert sich aufs Beten. Und Abbas Palladius sagt: Gott *und* den Nächsten lieben – und nicht gegeneinander ausspielen … sonst fängt genau da die Spaltung schon an! Wer Streit verhindern will, suche die gemeinsame Basis, nicht das eigene (fixe) Argument.

Demut

> Die selige Synkletika sagte: ›So wie es unmöglich ist, ein Schiff zu bauen ohne Nägel, so kann auch ein Mensch ohne Demut nicht selig werden.‹ (1063)

Wenn Tiere für Tugenden stehen, dann steht der Esel für die Demut – in der Bibel wird er allerdings oft auch als Friedenstier gedeutet. Ein Esel taugt nicht zum Kriegführen und sein ruhiges Wesen passt zur Demut – der Esel ist ein Arbeitstier: Pferde waren auch im alten Orient Luxusgüter, die nur Reiche und die Armee sich leisten konnten. Am Palmsonntag zeigt sich Jesus mit einem Esel – er zeigt sich als demütig. Die Wüstenmütter und -väter nehmen sich gerade daran ein Vorbild. Demütig sein heißt für sie konkret: ein einfaches Leben führen, das (fastend) daran erinnert, selbst nicht vollkommen und erlösungsbedürftig zu sein. Formuliert wird das oft als »Weinen über die eigene Sündhaftigkeit«. Wo das in Selbstverachtung umschlägt, ist es übrigens keine Demut, sondern der Stolz der Selbstverurteilung. Wo ich mich selber relativieren kann, ist die Wirkung für die Seele ganz erstaunlich: Sie wird gütig mit dem anderen und sie findet Freude in der Hoffnung auf die Erlösung. Heute also ein Esel sein: Jesus nach auf dem Weg der Demut.

Um des Herrn willen auf seinen Willen verzichten

Vor allem als sich die Wüstenväter zu kleinen Ansammlungen von Eremitagen zusammengetan hatten, trafen sie sich regelmäßig zur Feier der Eucharistie. Sie erinnerten sich im Abendmahl an die demütige Hingabe Jesu. Brot und ein Becher Wein werden zu wirkmächtigen Zeichen der Erlösung der Welt, die Menschen zur Umkehr wandeln – und alles, weil Jesus die Liebe Gottes zu den Menschen versteht, fühlt, nachvollzieht und nicht seinen eigenen Überlebenswillen durchsetzt, sondern sich eben dieser Liebe hingibt. »Um des Herrn willen auf seinen Willen verzichtet«, wie es Abbas Paphnutios sagt, der seine Askese – der er streng folgen wollte – aufgibt, um durch einen Becher Wein einen anderen zu retten:

> Man erzählte sich vom Abbas Paphnutios, dass er nicht leicht Wein trank. Auf einer Wanderung geriet er in eine Räuberbande und fand sie beim Weintrinken. Der Bandenführer kannte ihn und wusste, dass er keinen Wein trank. Da er sah, dass der Greis sehr ermüdet war, mischte er einen Becher Wein und sagte, mit dem Schwert in der Hand: ›Wenn du nicht trinkst, dann ermorde ich dich.‹ Der Greis erkannte, dass er nach Gottes Fügung handeln solle, und im Wunsche, ihn für Gott zu gewinnen, nahm er und trank. Da fiel ihm der Räuberhauptmann zu Füßen und sagt: ›Verzeihe mir, Vater, dass ich dich gequält habe.‹ Und der Greis sagte: ›Ich vertraue auf Gott, dass er dir wegen dieses Bechers

sein Erbarmen erzeigen wird in dieser und in der kommenden Welt.‹ Der Räuber antwortete: ›Und ich vertraue auf Gott, dass ich von jetzt an niemandem mehr Böses zufügen werde.‹ Und der Altvater bekehrte die ganze Bande, indem er um des Herrn willen auf seinen Willen verzichtete. (787)

Welche Regel in deinem Leben gibst du für jemand anderen einmal auf?

Mein Leben, mein Gott!

Christus nach

> Wiederum erzählte man von ihm [Abbas Agathon]: Er kam einmal in die Stadt, um Ware zu verkaufen. Da fand er einen Fremden, der auf die Straße geworfen war. Er war ohne alle Kraft, und niemand nahm sich seiner an. So blieb denn der Greis bei ihm, suchte für ihn eine Mietwohnung und bezahlte von seiner Handarbeit die Miete, und den Rest verwendete er für den Bedarf des Kranken. Vier Monate blieb er bei ihm, bis der Kranke gesund war. Dann kehrte der Alte in sein Kellion zurück, in Frieden. (109)

Wer die Bibel kennt, der stolpert bei den Wüstenvätern immer wieder über Erzählungen wie diese hier: Abbas Agathon findet einen Verletzten und hilft ohne viel Aufhebens. Und er tut es auf eine Weise, die seine Demut (er erzählt es nicht groß herum) und seine Armut (er zahlt mit dem, was er durch seine Handarbeit gerade erworben hat) zeigt. Aufs Ganze erinnert das alles aber an den barmherzigen Samariter – und das ist kein Zufall. Viele Wüstenmütter und -väter kannten Teile der Heiligen Schrift auswendig und – was noch wichtiger ist – versuchten sie ernst zu nehmen. Das gilt besonders für die Aufforderung zur Nachfolge Christi. Agathon wird das wörtlich genommen haben: sich so verhalten wie Christus selber war die Idee; Jesus war zum Rollenmodell geworden – und das sollte unter dem Schlagwort der »imitatio Christi« (Nachahmung Christi) mönchisches Programm werden.

Die biblischen Frauen und Männer haben ganz unterschiedliche Durststrecken durchlebt – Wer ist dein nachahmenswertes Vorbild für eine Krisenzeit? Jesus, Maria, Ruth, Mose, Abraham, Noah, Elija, Deborah, Priscilla …?

Nicht strafen, sondern flicken

Die Frage nach dem Warum quält uns Menschen vor allem in der Unsicherheit: Wenn ein uns wichtiger Mensch stirbt, wenn man selber von Krankheit getroffen wird, wenn ein Schicksalsschlag zuschlägt ..., dann suchen wir automatisch nach Erklärungen. Manche Antwortversuche führen aber in die falsche Richtung (oft sind Unfälle einfach zufällig und sinnlos – und jede Erklärung verschleiert nur, dass wir das akzeptieren müssen). Wir Menschen wiederholen gerne Suchmuster, die wir gelernt haben; so liegen für Kinder Leid und Strafe oft eng zusammen. Deshalb ist der innere Kurzschluss so leicht, in einer erlebten Krise eine Strafe Gottes zu sehen – eines zornigen, unnachgiebigen Gottes, wohlgemerkt.

Und obwohl die Wüstenväter manchmal davon ausgingen, dass Gott zum pädagogischen Mittel der Strafe greifen würde – sie waren sicher, dass er nicht rachsüchtig ist, sondern im Gegenteil »flickt« und verschont. Viele der Wüstenväter waren übrigens in ihrem ersten Leben Räuber, Soldaten, Prostituierte, Mörder ..., hatten also einiges auf dem Kerbholz und fürchteten sich vor ewiger Strafe. Sie mussten erst lernen – wie wir –, dass Gott anders liebt ... lieber flickt als zerfetzt!

> Abbas Mios wurde von einem Soldaten gefragt, ob wohl Gott die Buße annehme. Nachdem er ihn in vielen Gesprächen unterwiesen hatte, sprach er zu ihm: ›Sage mir, mein Lieber, wenn dein Gewand einen Riss bekommen hat, wirfst du es dann weg?« Er antwortete:

›Nein, sondern ich flicke es und gebrauche es weiter.‹ Da erklärte ihm der Greis: ›Wenn du also dein Gewand schonst, wird dann nicht auch Gott sein eigenes Geschöpf verschonen?‹« (541)

Romantisiert nicht das Kreuz!

Abbas Hyperichius sagte: ›Der Baum des Lebens berührt den Himmel; aber die Demut eines Mönches kann ihn trotzdem leicht besteigen.« (1064)

Mit dem »Baum des Lebens« meint Abbas Hyperichius das Kreuz und die mit ihm verbundenen Leiden. In ihrer strengen Christus-Nachfolge meinten die Mönche, durch ihre aufopferungsvolle Askese in den Himmel zu kommen.

Genau an diesem Punkt verstehe ich die Wüstenväter nicht – ich möchte widersprechen: Am Kreuz braucht es keine Opfer! Zuerst einmal ist Jesus von Nazareth das Opfer einer religionspolitischen Aufräumaktion. Selbst der Erklärversuch einer »Solidarität Gottes mit den Leidenden« fällt in der Krise schwer: Was hilft es mir, wenn es auch anderen dreckig geht – wird geteiltes Leid wirklich halbiert? Fühlt sich nicht so an! Am Ende stehe ich fassungslos da vor der Möglichkeit brutaler Sinnlosigkeit – ob nun wehrlos gegen die Naturgewalt oder gegen die instinkthaft grausame Mordlust des Mob. Was, wenn das alles nur einer schlichten, notwendigen thermodynamischen Ereigniskette folgt? Was, wenn das Kreuz einfach dasteht? Was, wenn Jesus sinnlos gestorben ist?

Was, wenn nicht? Vielleicht ist der Tod tatsächlich der ultimative Moment, an dem sich entscheidet, ob unser Leben, unsere Liebe und unsere Freiheit eine echte Bedeutung haben. Der Nazarener hat das geglaubt und gelebt und geliebt. Was, wenn Jesus gegen die Absurdität des Bösen angetreten ist – damit wenigstens die Frage offenbleibt?

Ich meine: Den Kreuzesbaum, der uns himmlisches Leben bringt, kann ich höchstens in der Bescheidenheit des Nicht-Verstehens ertragen.

Wenn du ein Herz hast …

Abbas Pambo sprach: ›Wenn du ein Herz hast, kannst du gerettet werden.‹ (771)

Was für ein tröstliches Wort: die Alten lebten ja in ständiger Buße und Heilsangst. Aber Pambo meint, dass es nicht fromme Sprüche, Fasten oder sonstige große Leistungen sind, sondern Herzlichkeit – Liebe und Mitleid –, die uns retten. »Ich hab' ein Herz für …« heißt: Ich lasse mich vom anderen, seinem Fühlen, Denken und Wollen betreffen.

Es gehört zu den schönsten Gebetsübungen des Ostens wie des Westens, sich in die Liebe Gottes einzuüben, sein Herz für alle Geschöpfe, sogar die unbequemen, zu öffnen. Wenn ich im Gebet – langsam, vor meinem inneren Auge – die Menschen durchgehe, die mir nah oder fern in den Sinn kommen, dann versuche ich ihnen herzlich wohlwollend zu sein und sage gerne, während ich sie mir vorstelle: »Mögest du froh sein und gesund; mögest du dich wertvoll fühlen und im Frieden leben.« Mich verändert das … vielleicht bringt es dich auch zur Rettung?

Die Bedeutung des Todes für die Moral

> Abbas Moses sagte: ›Der Mensch muss tot sein für seinen Genossen, damit er ihn nicht in irgendeiner Sache richte.‹ Wiederum sagte er: ›Der Mensch muss sich gegenüber jeder bösen Tat tot machen, bevor er aus dem Leibe scheidet, damit er keinem Menschen Übles tue.‹ (508)

Die Wüste ist neben dem Meer wohl die tödlichste Umgebung der Welt. So ist für die Väter der Tod ein täglicher Begleiter.

Aber dass sie sich selbst und die eigenen Laster durch strenge Askese abtöten wollen, ist keine morbide Todessehnsucht. Sie wollen Christus vielmehr auch darin nachfolgen, das eigne Leben gering zu achten – so gering, dass die bewusste Liebe zu Gott, zum Nächsten oder zum Feind nicht vom eigenen Überlebenswillen, von der Gier nach Höher, Schneller, Weiter unterdrückt wird. Wir beten davon im Glaubensbekenntnis: »Hinabgestiegen in das Reich des Todes«, heißt es da über Jesus. Das Motiv der »Höllenfahrt Christi« – also das ganz bewusste innere Mitgehen der Zeitspanne zwischen Tod und Auferstehung – wird zum Motiv für die eigene Lebensgestaltung: Wie ist das, wenn ich sterbe – was will ich dann im Rückblick auf mein Leben gemacht haben – was war mir zu wichtig, was zu wenig?

Mein Beten

Stille Wasser

> Einer der Väter sagt: ›So wie es unmöglich ist, dass einer in einem bewegten Wasser sein Gesicht betrachten kann, so kann auch die Seele, wenn sie nicht vorher von allen fremden Gedanken gereinigt wurde, gesammelt zu Gott beten.‹ (1129)

Manche Wüstenvätererzählung ist sogar in unseren Tagen ein bisschen bekannt geworden. Über diese hier gibt es jedenfalls auch modernere Fassungen. Das liegt zum einen daran, dass ihr Bild ganz einfach und plastisch ist: Es ist faszinierend, wie sich auf einer glatten Wasserfläche alles spiegelt …; so haben Menschen zuerst ihr Spiegelbild gesehen! Zum anderen erzählt sie eine tiefe Wahrheit: Wer von den Störungen, Sorgen, Aufregungen des Tages umgetrieben wird, der findet schwer zu sich, und noch schwerer kommt er im Gebet in Kontakt mit Gott.

Das Schöne ist aber, dass sich Wasserspiegel von Seen und Flüssen von allein beruhigen, wenn man sie nicht stört – so ist es auch mit unserer Seele. Wenn wir unsere Gedanken ruhig kommen und freundlich gehen lassen, führt uns der Strom unserer Gedanken ganz von selbst zur Stille. So wie ein gemächlich dahinfließender Fluss. Ich darf nur nicht mit meinem Blick versuchen, das vorbeischwimmende Sorgen-Treibholz zu verfolgen. Ich verabschiede stattdessen, was heute war, und blicke dahinter auf den Lebensstrom. Und mit einem Mal werde ich ruhiger und meine Seele öffnet sich wieder …, und ich erkenne in allem, dem Umtriebigen und dem Ruhigen, die Quelle des Lebens, Gott selbst.

Ruhe finden, wenn du nicht mehr kannst

> Wiederum sprach sie [Amma Synkletika]: ›Es gibt eine überspannte Askese, die vom Feinde ist. Denn auch seine Schüler üben sie. Wie nun unterscheiden wir die göttliche, die königliche Askese von der tyrannischen, der dämonischen? Offenkundig durch das Maß. Alle deine Zeit sollst du eine Norm für das Fasten haben. Faste nicht vier oder fünf Tage, und brich es nicht die übrige Zeit durch die Fülle der Speisen. Denn überall ist die Maßlosigkeit verderbenbringend. Solange du jung und gesund bist, faste. Es kommt das Alter mit seiner Schwäche. Soviel du kannst, häufe dir einen Schatz an (geistlicher) Nahrung auf, damit du Ruhe findest, wenn du nicht mehr kannst.« (906)

Dass die Wüstenmütter gutes Augenmaß hatten, ist uns schon einmal begegnet. Amma Synkletika weiß, dass jede Übertreibung auch in der Religion vom Bösen ist. Das Schwierige ist, zu erkennen, wann es zu viel ist. Eine Regel hilft wohl – aber wirklich zielführend ist es, die Unterscheidungsgabe zu üben. Die beruht letztlich auf Vertrauen: darauf, dass ich mir selbst trauen kann. Das heißt, dass ich mich auf meine Intuition, mein Gewissen wirklich verlassen kann. In unserem Denken und Fühlen gibt es ein »Gespür« dafür, was richtig ist, was guttut. Dieses »Gefühl für die Mitte« gewinnt, wer sich zum Gottvertrauen herauslocken lässt. Konkret: Ich versuche, genauer zu verstehen, dass und wie Gott mich durch die inneren Regungen

zu mehr Lebensfreude führen will. Dann merke ich, was zu viel und zu wenig ist – so werde ich nicht mehr von den Sorgen hin und her geworfen, sondern finde Ruhe. Die Amma meint, dass das auch an den Tagen hilft, an denen man nicht mehr kann …

Vom Beten in Geduld

Leider sind von den Wüstenmüttern weit weniger Apophthegmata überliefert. Eine von ihnen hat aber einen wichtigen Hinweis für das Beten in schwierigen Zeiten: Es soll nicht ungeduldig die schnelle Lösung von Gott einfordern, sondern seine stärkende Gegenwart erinnernd erflehen:

> Man erzählte von der Amma Sarrha: Dreizehn Jahre hielt sie aus, gewaltig angefochten vom Dämon der Unreinheit. Niemals betete sie, dass der Kampf aufhöre, vielmehr betete sie: ›O Gott, gib mir Kraft!‹ (884)

Dazu zwei kleine Erklärungen: Erstens: Das Motiv des Kampfes gegen die Dämonen, besonders gegen die Unreinheit, muss heute wohl übersetzt werden als das Ringen mit der eigenen Motivation. Der »Abergeist« (wie Fridolin Stier »daimon« übersetzt) versucht uns im Widerspruch gegen unsere Überzeugung zu verheddern. Zweitens: Die Wüstenmütter und -väter hatten gemerkt, dass das Christentum, als es langsam zur Staatsreligion wurde, völlig seine radikale Kernbotschaft verlor. Deshalb wanderten sie aus den spätrömisch-dekadenten Städten aus und zogen sich in die Wüste zurück, wo sie sich in der strengen Abgeschiedenheit große Weisheit im Beobachten der eigenen Seelenregungen erarbeiteten und erbeteten.

Die Arme zum Gebet ausstrecken

Eine leise Spur des Wissens um das stille Gebet zieht sich von der Heiligen Schrift über die Mystiker aller Zeiten bis zu uns. Der Apostel Thomas, dessen kurzes Bekenntnis »Mein Herr und mein Gott« Staunen, Zustimmung, Entschuldigung und Verstummen ist, gibt dem Zweifel eine Wendung, aber keine Worte. Genauso wenig Makarios, der weiß, wie oft die Worte fehlen: Was wir wünschen, scheint Gott uns nicht zu erfüllen … was das Beste für uns wäre, wissen wir nicht … auszuhalten, was uns bedrängt, fehlt oft genug die Kraft.

Makarios schlägt vor, dem Gebet die Form zu geben, die kleine Kinder wählen, die noch nicht sprechen können: die Arme ausstrecken nach Gott, der wie eine gute Mutter auf uns wartet. Und mit wenigen Worten darauf vertrauen, dass sein Wille, der uns geschehen möge, uns wohlgesonnen ist. Solche »Gebete der Hingabe«, die vom Vertrauen auf Gott leben, finden sich viele in der christlichen Tradition. Das des Makarios reicht aber völlig:

> Einige fragten den Altvater Makarios: ›Wie müssen wir beten?‹ Der Greis antwortete ihnen: ›Es ist nicht notwendig, viele Worte zu machen (Mt 6,7), sondern man muss die Hände ausstrecken und sprechen: ‚Herr, wie du willst und weißt, erbarme dich!‘ Wenn aber eine Anfechtung kommt, dann: ‚Herr, hilf!‘ Denn er weiß, was förderlich ist und wirkt an uns Erbarmen.‹ (472)

Geduld und Gebet

In der Wüste ist es tödlich, auf eine Fata Morgana hereinzufallen. Der Täuschung einer kurzfristigen Ablenkung nachzujagen führt notwendig zur Ent-Täuschung. Dagegen hilft leider nur: Üben in Geduld. Für die Mönche der Wüste heißt solche Geduld tagelanges Ausharren bei immer gleicher Tätigkeit in ihrer Zelle. Aber sie machen die Erfahrung: Das Gebet gibt dieser »Wartezeit« eine neue Bedeutung – sie wird für sie zu einem Lernort der Lebenserfahrung.

Manchmal braucht die Seele einfach Zeit zum Lernen und stille Momente, in denen uns aufgehen kann, was echt ist und was täuscht. Ist es an der Zeit, dein Warten im geduldigen Gebet vor Gott zu bringen, um die äußeren und inneren »Früchte« würdigen zu können?

> Wieder ein Spruch [von Abbas Neilos]: ›In was immer du dich als Philosoph erweist, indem du es mit Geduld erträgst,* das wirst du zur Zeit des Gebetes als Frucht finden.‹ (550)

---

* Den Wüstenvätern galt ihr Wissen über Demut und Geduld als eine ganz eigene Art von Philosophie. Wer geduldig sein kann, der ist in ihren Augen ein Philosoph – wir würden heute wohl eher sagen »weise«.

Ganz bei der Sache sein

> Abbas Lot besuchte den Altvater Joseph und sagte zu ihm: ›Nach meinem Vermögen verrichte ich mein kleines gottesdienstliches Gebet, mein bescheidenes Fasten, das Privatgebet, die Betrachtung und übe die Herzensruhe, und entsprechend meiner Kraft bin ich rein in Gedanken. Was soll ich weiter tun?‹ Da erhob sich der Greis, streckte seine Hände zum Himmel aus, und seine Finger wurden wie zehn Feuerlampen und er sprach zu ihm: ›Wenn du willst, dann werde ganz wie Feuer!‹ (390)

Eine Menge kleiner Beobachtungen haben wir mit den Wüstenmüttern und -vätern gemacht. Vielleicht hat dich manche Übung durch Last und Lust deiner Krisen-Tage getragen. Oft waren es keine großen Worte, sondern eher schlichte Aufforderungen – zur Demut, zur Bescheidenheit, zum liebevollen Umgang mit sich und anderen. Recht selten ist in der kernigen Spiritualität aus der Wüste die Rede von Gott – und doch wird er überall im Alltag erwartet.

Mein Lieblings-Apophthegma, das am Schluss dieser Reihe steht, ruft mich aber jedes Mal, wenn ich es lese, weit darüber hinaus. Abbas Joseph, der hier in wenigen Worten eine begeisternde Gotteserfahrung erzählt, wird wohl wissen, dass man die nie selber herstellen kann. Und doch sagt er zu Lot: »Wenn du willst …«, weil er in den vielen Jahren gelernt hat, dass Gott sich jeder und jedem noch unter den widrigsten Bedingungen der Wüste zeigen

kann – man muss sich darauf aber mit ganzem Herzen einlassen, dass Gott und Mensch zusammenwirken können.

Die kleinen, treuen Schritte eines jeden Tages sind dazu wichtig. Aber noch wichtiger ist es, den Blick zu heben und sich an seine Sehnsucht zu erinnern: Wo will ich mit meinem Leben eigentlich hin – oder, um mit Abbas Joseph zu sprechen: Wofür brenne ich? Dann kann Gott uns in allen unseren Wüsten-Tagen zur Liebe entzünden!

Zur psychologischen Bedeutung der Krise für die Wüstenväter

Was einen Menschen in die Wüste führt, lässt sich nachträglich schwer bewerten. War es eine spirituelle Sehnsucht, eine Unzufriedenheit, eine Lebenskrise? Letztlich ändert das wenig an dem, was die frühen Mönche in den Wüsten Ägyptens und Syriens suchten: Zufriedenheit, Lebensglück, Erfüllung. Vorher musste ihnen also etwas im Leben gefehlt haben. Und zwar so sehr, dass sie sich – ob aus Verzweiflung oder aus Wagemut – in Lebensgefahr begaben.

Eine kontrollierte Krise gegen die eigenen Glaubenssätze

Faktisch stellten sie eine Art kontrollierbare Krise her. Wenigstens die »erfolgreichen« Eremiten, von denen uns Legenden und Vätersprüche überliefert sind, haben ihr Leben auch in der Wüste soweit unter Kontrolle, dass andere regelmäßig Nahrung mitgebracht haben und so die Gefahr zu verhungern oder zu verdursten einigermaßen gebannt war.

Der künstlich produzierte Krisenzustand hat aber eine ganz wichtige Funktion: Er destabilisiert bisher als sicher betrachtete Glaubenssätze. Die Wüstenväter wurden so aus ihren alten Berufen gerissen, aus den Selbstverständlichkeiten ihrer Kultur, in der ihr Lebensweg vorgezeichnet war als mehr oder weniger religiöser Sohn und oft als Erbe eines bestimmten Berufes. Gemeint sind mit Glaubenssätzen aber nicht bloß religiöse Aussagen, sondern auch die tiefen Lebenswahrheiten, die jemand sich über das Leben und die eigene Person im Laufe seiner Jahre bildet. Sie hängen eng zusammen mit dem, was man selbst für Bedürfnisse spürt: Wer ich bin und was ich wünsche sind die zwei Seiten einer Medaille. Eine solche individuelle Identität aus Wünschen und Eigenschaften bildet sich in Kindheit und Jugend im verwobenen Zusammenspiel aus Erziehung, Kultur und eigenen Wesenszügen. Eigenschaften, die ein Mensch hat, verstärken sich, wenn sie von den Mitmenschen anerkannt und gewürdigt werden. Andere Bedürfnisse, die eigentlich auch da sind, werden unterdrückt, wenn ich und andere sie nicht sehen wollen oder können. Dafür sorgen auch kulturelle und religiöse Vorstellungen: Was von meinen Charaktereigenschaften und Fähigkeiten gebraucht wird, was immer wieder genutzt und gelobt wird, das entwickelt sich wie ein Trampelpfad, der zum Weg, zur Straße, zur Autobahn wird. Was genutzt wird, wird stärker – das ist das Geheimnis der Übung. Die lässt sich sogar im Gehirn beobachten: Nervenbahnen, die viel gebraucht werden, werden verstärkt – die anderen verkümmern eher. So sind wir optimal angepasst an die Herausforderungen und Problemlagen unseres Alltags.

Krise heißt, dass ein Problem auftritt, das wir auf diesen alten Bahnen nicht lösen können. Das versetzt Menschen in Stress – und das passiert, wie die moderne Forschung zeigt, auch im Kopf. Die Stresshormone, die das Hirn in der Krisenerfahrung überfluten, lösen auf Dauer eine spannende Reaktion aus: Sie regen unsere Nervenzellen an, alte Wege aufzulösen. Neue Wege können sich dann bilden – und zwar radikal neue. Das ist die Erfahrung eines Perspektivwechsels. Aber, bis es zu einem solchen kommt, dauert es eine ganze Weile – und manchmal, das sollte nie beschönigt werden, gelingt es gar nicht, eine Lösung zu finden. Dann kommt es zu gefährlichen Reaktionen auf den Langzeitstress, im schlimmsten Fall zu Belastungsstörungen und Burnout.

Die Wüstenväter – jedenfalls die, die wir kennen – haben wohl ein passendes Maß gefunden, indem sie eine kontrollierbare Krise für ihren Körper und ihren Geist »geschaffen« haben: Fasten und die körperliche Anstrengung der Wüste, dazu eine Reduktion der Sinneseindrücke und nur wenig Kontakt mit anderen haben eine beachtliche Wirkung auf den menschlichen Geist; wenigstens versucht er zu verstehen, was da geschieht – und im besten Fall findet er eine neue, tiefe, überraschende Erklärung …, eine Erklärung, die für die Wüstenväter natürlich aus ihren religiösen Vorstellungen gespeist war und die sie in größeren Einklang mit ihrer Sehnsucht nach Lebenssinn brachte. Zu Hilfe gekommen sein dürfte ihnen dabei die Wechselwirkung zwischen »Tun« und »Denken«: Wir Menschen sind so, dass wir nicht bloß tun, was wir im »Denken« wollen, sondern dass auch unser Tun einen so tiefen Eindruck auf uns haben kann, dass wir unser Denken – oft unmerklich – verändern. So entsteht eine Art Verstärkerkreis zwischen der Motivation, Gott zu suchen, und dem asketischen Üben als Schritte auf dem Weg zu ihm.

Die Bedeutung der Übung auf dem Weg zu Herzensruhe und Gelassenheit

Mit der Zeit erlebten viele Wüstenväter diesen Perspektivwechsel: Die vielen Lebensfragen waren nicht mehr so bedrängend. Das äußerlich geordnete Leben half ihnen, eine innerliche Gelassenheit zu entdecken. Diese innere Ruhe – die sogenannte *hesychia* – deuteten sie selbst als religiöse Erfahrung. Der Perspektivwechsel, der sich in einer Krise einstellt, wirkt nicht menschengemacht, sondern ist oft so überraschend anders, dass eine religiöse Deutung naheliegt; dass dem Heiligen Geist diese neue »Erkenntnis« zugeschrieben wird. Man kann auch heute noch erleben, dass auch die leersten Wüstentage, die tiefsten Krisen noch ein überraschendes Ende finden können. So ein »Perspektivwechsel« zu mehr Gelassenheit, das ist für die Wüstenväter eine Gotteserfahrung.

Dass diese Veränderung im Menschen von Gott gemacht ist, ja, dass er Menschen zu dieser Einsicht »führt«, stärkte ihren Vorsehungsglauben. Das »Gottvertrauen« erlangten die Mütter und Väter der Wüste also gerade nicht durch theologische Überlegungen, sondern eben durchs Üben. Dieses Üben war einerseits eine tägliche Treue zu einer Routine auf körperlicher Ebene, die den Geist in neue Bahnen lenkt.

Andererseits brachten die frühen Mönche mit ihrer frommen Routine gerade ihr religiöses Grundvertrauen zum Ausdruck: Weil sie glaubten, lebten sie entsprechend. Wenn dann aber – was regelmäßig passierte – ein Wüstenvater ins Zweifeln kam, ob ihn die Wüste wirklich zu

Gott führte oder ob er nicht besser seine Zelle verlassen sollte, dann wurde die Übung zum Haltepunkt: Routinierte Handarbeit lässt sich auch ohne fromme Gedanken machen … und diese stellen sich gerade im meditativen Tun auch wieder ein, wenn sich der Geist langsam beruhigt. Dann kann sich das Denken von den bedrängenden Alltagssorgen lösen. Die Wüstenväter haben diese schlichte Erfahrung wohl recht bald gemacht und immer weiter perfektioniert, bis sie in den ersten Gemeinschaftsklöstern quasi generalstabsmäßig organisiert wurde.

Auch heute noch gilt – besonders für Krisenmomente –, dass es sinnvoll ist, vertraute Elemente zu suchen: Ein fester Tagesablauf und klare Rituale helfen gegen schockierende Erfahrungen, die das Leben in seine Einzelteile zerbrechen lassen. Sei es nun eine regelmäßige Aufstehzeit, ein bestimmtes Lieblingskleidungsstück oder ein Anruf zu einer fest vereinbarten Zeit – das alles kann eine erste, wichtige Maßnahme gegen das Untergehen in der Krise sein. Und als Akut-Maßnahme gegen einen Schock helfen immer noch die Konzentration auf das stetige Ein- und Ausatmen oder einfache Handarbeit, an der sich der Geist »festhalten« kann.

Der Wechsel aus Einsamkeit und Gemeinschaft und die Fähigkeit der Herzensschau

Ein zweites Element darf neben der routinierten Übung nicht übersehen werden. Abgesehen von einigen Extremen waren die wenigsten Wüstenmütter und -väter wirklich lange Zeit völlig allein – auch wenn sie sich immer wieder danach sehnten. Mit der Zeit etablierte sich doch ein Schüler-Wesen und auch Besucher kamen mit schöner Regelmäßigkeit vorbei. Außerdem besuchten sich die Väter gegenseitig in ihren Zellen, und sie trafen sich auch regelmäßig zur Eucharistiefeier. Danach setzten sie sich zusammen und erzählten einander von ihrem inneren Ringen.

Erfahrungen von Einsamkeit brauchen also dringend ein Gegengewicht. Aber gerade in der Krise ziehen sich viele auf sich selbst zurück – das ist eine normale Schutzreaktion. Gegen den Drang, sich im eigenen Alleinsein zu isolieren, ist regelmäßige Kontaktaufnahme mit anderen überlebenswichtig. Man kann eine Freundin oder einen Freund in Krisenzeiten auch bitten, sich einfach regelmäßig zu melden. Dafür hat man solche Menschen! Erzählen, auch von ganz alltäglichen Dingen, wirkt Wunder: Es gibt unserem Denken wieder Struktur. Das funktioniert auch beim Schreiben, etwa eines Tagebuchs oder eines Briefs. Wer seine Gedanken nicht bloß für sich denkt, sondern sie in Sprache bringen muss, der sortiert sie; der schaut, wie sie zusammengehören. Wenn das Leben in Fragmenten daliegt, hilft Erzählen, wie jede Form, sich auszudrücken, ungemein. Und natürlich hilft es auch, dabei von einem anderen angehört, angenommen und verstanden zu werden.

Erzählen und Zuhören wurden in der Wüste zur lebenswichtigen Tugend. Das hat den Wüstenvätern ihren Ruf als gute Seelsorger eingebracht: Sie verstanden die Menschen, die zu ihnen kamen, wirklich. Wie es die Legenden erzählen, wussten sie oft schon vor den ersten Worten ihrer Besucher, um was es diesen ging. *Kardiognosie*

– Herzenskenntnis – nennt man das in der Spiritualität. Solche Herzensschau haben die Wüstenväter in der Selbstbeobachtung gelernt. Sie formulierten ihr inneres Ringen als einen Dämonenkampf. Für die heutigen Menschen klingt es sonderbar, wenn so ein Kampf mit den Dämonen beschrieben wird. Für die Alten war das aber genau die Ausdrucksform und Erzählweise für eine bewusste Auseinandersetzung mit ihren Trieben und Bedürfnissen. Um die inneren Antreiber und Motivationen schon im Ansatz zu erkennen, braucht es keine extreme Willenskraft im Moment der Versuchung, sondern eine stille Beharrlichkeit, die sich als Demut und Treue zeigt.

Demut führt zur Selbstannahme

Demut war für die Wüstenmütter und -väter eine sehr wichtige Tugend. Denn das Bewusstsein, noch nicht perfekt zu sein, ist eine notwendige Voraussetzung für die Selbsterkenntnis: Die meisten Menschen lernen von klein auf, dass es akzeptable und weniger akzeptable Gefühle und Wünsche gibt. Was da unangemessen erscheint, wird von der eigenen Psyche verdrängt. Mit der Zeit nehmen Menschen deshalb nur noch wahr, was sozial als angemessen akzeptiert ist – und sind dann überrascht, dass es auch noch andere Wünsche in ihnen gibt, die plötzlich an die Oberfläche ihres Bewusstseins dringen und sie anders handeln lassen, als sie es sich selbst erklären können: »Das Gute, das ich tun will, ich tue es nicht – das Böse, das ich nicht will, das tue ich«, wie Paulus sagt (Röm 7,19). Nur wer einigermaßen realistisch zulassen kann, dass er auch anders ist, als er gerne sein möchte, kann kennenlernen, was ihm selbst verborgen ist. Solange ein übermächtiges Idealbild die Selbstwahrnehmung prägt, nimmt man die eigenen Schattenseiten nicht wahr. Sie sind ja eine Bedrohung für jeden Perfektionisten. Erst wenn man aufhört, perfekt sein zu wollen, können auch die ungeliebten Seiten wahrgenommen werden, weil sie nicht länger unterdrückt werden müssen. Dafür braucht es aber eine realistische Selbsteinschätzung, kurz: ein Bewusstsein dafür, nicht perfekt zu sein.

Für die Christen der Antike war das ganz selbstverständlich; sie nannten sich deshalb selber Sünder. Die Tugend der Demut stand für sie dem Stolz gegenüber, also der Grundsünde, die meint, keine Erlösung mehr zu brauchen. Demütig sein und Sündenbewusstsein gehörten bei den Wüstenvätern also zusammen. In ihrer Selbstbeobachtung versuchten sie zu verstehen, was sie wirklich innerlich bewegt. Und sie wussten, dass solche Selbsterkenntnis nur gelingt, wenn man ehrlich und freundlich mit sich selbst ist. Solange ein Bedürfnis oder eine Motivation mir Angst macht, mich bedroht, verstecke ich sie vor mir. Diese psychischen Mechanismen der Verdrängung können so stark sein, dass die eigenen Schattenseiten völlig unbewusst bleiben. Dann spüren Menschen höchstens ein vages Gefühl des Unwohlseins oder der Unzufriedenheit. Wer sich grob dafür verurteilt, nicht so vollkommen zu sein wie das eigene Ideal, wird kaum in die Tiefe der eigenen Person schauen können – sie verschließt sich ja und verteidigt sich auch gegen die eigenen inneren Verurteilungen. Demut heißt für die Wüstenväter deshalb auch: Sei freundlich mit dir selbst! Erdrücke dich nicht im eigenen Perfektionismus! Die Milde gegenüber den anderen ist das Abbild dieser freundlichen Haltung sich selbst gegenüber.

Selbstannahme als Gotteserfahrung

Nur indem sie ihr eigenes Fühlen und Erleben beobachteten, lernten die Wüstenväter sich selbst besser kennen. Es waren gerade nicht die gebildeten Theologen unter ihnen, die die meisten Schüler hatten, sondern eher die strengen und doch freundlichen. Ihre Strenge war dabei die nötige Leitplanke für den beharrlichen Weg zur Einsicht, zur Selbsterkenntnis. Es dauert oft Jahre, bis sich zwischen ängstlichem Sündenwahn und selbstherrlicher Verurteilung anderer eine Art ausgeglichenes Gefühls-Bewusstsein einstellt. Diese innere Urteilsfähigkeit der Wüstenväter ist also eine Art gesunder Intuition. Die Wüstenväter und -mütter haben versucht, in ihrer künstlichen Krise der Wüste dafür optimale Bedingungen zu schaffen: wenig Ablenkung, tägliche Routine, Möglichkeit zur Selbstbeobachtung, Anleitung bei einem erfahreneren Abba oder einer weisen Amma.

Dass es dann aber gelungen ist – dass eine Wüstenmutter oder ein Wüstenvater ihr/sein Glück darin findet und jahrzehntelang in der Wüste bleibt –, das liegt nicht an einem verschrobenen Eigenbrötlertum religiöser Extremisten. Vielmehr erlebten diese Menschen in der Wüste, dass es möglich ist, den inneren Frieden zu erlernen. Für die Wüstenväter muss es eine Gotteserfahrung gewesen sein, wenn sie erlebten, wie sie sich selbst in der Herzensschau freundlich annehmen konnten: Sie spürten, dass sie erlöst und befreit waren. Die Erzählungen darüber, wie die Wüstenväter weinten, lassen fühlen, wie diese Menschen die eigene Bedürftigkeit und Fehleranfälligkeit spürten. Wer die Herzensschau erlebt, der muss sich selbst und andere nicht mehr be- und abwerten, sondern kann akzeptieren, Mensch zu sein – mit allen guten und bösen Neigungen. Der Mensch, der sich kennt und der sich annehmen kann – als ein trotz allem liebenswerter Sünder –, spürt, dass er von Gott getragen wird.

Das Schönste ist, dass gerade dieses Erleben, freundlich und großzügig angenommen zu sein, die Möglichkeit

gibt, sich zu verändern. Der scheinbare Ego-Trip mancher Wüstenväter – sei es im exzessiven Dämonenkampf, sei es in der zur Schau gestellten Askese – ist Ausdruck einer Arbeit am Ich, die sich in der Krise die richtige Wachstumsumgebung schafft. Dass dann aber aus Demut und Beharrlichkeit wirklich *hesychia* (Ruhe) und *kardiognosis* (Herzensschau) – und mit ihnen eine Hoffnung auf die Erlösung – wachsen, war damals und ist heute eine »unglaubliche« Erfahrung – ein mystisches Erlebnis. Gerade an der Erfahrung, selbst ziemlich begrenzt zu sein – eben ein Mensch mit Fehlern und Schwächen –, fanden die Wüstenväter und Wüstenmütter Gottes Erlösung.

Dabei war für sie wohl immer klar, dass sie selbst sich dazu vor dem Angesicht Gottes anstrengen mussten. Für sie wird es selbstverständlich gewesen sein, den Dämonenkampf jeden Tag wieder aufzunehmen. Wir heutigen Menschen können den Gedanken andersherum formulieren: Es ist möglich, dass wir uns selbst freundlich annehmen können. Das zu erleben – wenn auch erst nach einer Zeit des Einübens – hat für viele auch heute noch eine spirituelle Qualität: Die Erfahrung, ein liebenswerter Mensch zu sein, ist eine Befreiung; oder – in religiösen Worten: eine Erlösung, die von Gott geschenkt ist.

Das Geheimnis der Wüste bleibt das Gleiche – ob in den Worten der Wüstenväter und -mütter oder in unserem: Gerade wo es wüst ist, kann man Gottes Gegenwart spüren; die Krise ist in aller Anstrengung und allem Stress eine Gelegenheit, sich selbst und seinen Lebenssinn neu zu entdecken – und bei dieser Suche ganz unvermittelt Gott zu begegnen.

Dank

Danke allen, die mich bestärkt haben – darin, dem Leben auch in wüsten Tagen auf der Spur zu bleiben – und darin, diese Wüstenweisheiten zu sammeln! Vergelt's Gott denen, die mich in die Weisheit der Wüstenväter eingeführt haben, die mir geistliche Mütter und Väter sind, die mich mitgetragen haben bei meinem Wüstenweg.

Danke @HellereWelt, der mit der Idee zum Hashtag #coronaEremit auf Twitter den Anstoß gegeben hat zu diesen Impulsen. Für alle, die noch viel mehr Wüstenväterworte lesen und selbst darüber nachdenken wollen, sei auf die Übersetzung der Wüstenväterweisungen hingewiesen, die ich verwendet habe: Bonifaz Miller (Hg.), Weisung der Väter. Apophthegmata Patrum (Sophia 6), © Paulinus Verlag Trier 2012.

Was kein Buch aufschreiben kann, ist das Schweigen der Wüstenväter und -mütter. Oft genug haben sie gar nichts geantwortet auf die Bitte »gib mir ein Wort«. Ihr Verstummen war Gebet vor dem Allerhöchsten. Ihr Schweigen war Weisheit, wo der Fragesteller noch nicht für die Antwort bereit war. Ihre Stille war Einladung, selbst hinzuhören, wo Gott im schlichten Alltag, in der Herausforderung einer Krise da ist. Dieses beredte Zeugnis ermutigt mich immer wieder, nicht aufzugeben.

Dem Dreieinen alle Ehre! Sucht IHN, wo es wüst ist.